21世纪职业秘书专业教材

秘书情商学

谭一平 史玉峤◎主编
冯修文 李婉俊 王晶◎副主编

清华大学出版社
北京

内 容 简 介

情商是人们在识别自己和对方感情的基础上调整自己与对方行为的一种能力。本书将带领读者系统地了解现代情商的基本理论，掌握在日常学习和生活中提高自己情商能力的要领，初步学会用情商处理自己感情上的常见问题，特别是处理人际关系方面的问题。

本书分为9章，包括秘书情商学概述、秘书识别感情的能力、秘书利用感情的能力、秘书理解感情的能力、秘书调整感情的能力、用情商建立和谐的人际关系、用情商提高沟通的效率、用情商进行自我管理和秘书提高情商的方法。

本书适合作为各高等院校秘书学专业的教材，也适合作为其他秘书从业者的学习参考书。

本书封面贴有清华大学出版社防伪标签，无标签者不得销售。
版权所有，侵权必究。举报：010-62782989，beiqinquan@tup.tsinghua.edu.cn。

图书在版编目(CIP)数据

秘书情商学/谭一平，史玉峤主编．--北京：清华大学出版社，2014(2024.1重印)
21世纪职业秘书专业教材
ISBN 978-7-302-36265-4

Ⅰ．①秘… Ⅱ．①谭… ②史… Ⅲ．①秘书－情商－高等学校－教材 Ⅳ．①C931.46-49 ②B842.6-49

中国版本图书馆CIP数据核字(2014)第076293号

责任编辑：田在儒
封面设计：王跃宇
责任校对：李 梅
责任印制：宋 林

出版发行：清华大学出版社
网　　址：https://www.tup.com.cn，https://www.wqxuetang.com
地　　址：北京清华大学学研大厦A座　　邮　编：100084
社 总 机：010-83470000　　邮　购：010-62786544
投稿与读者服务：010-62776969，c-service@tup.tsinghua.edu.cn
质量反馈：010-62772015，zhiliang@tup.tsinghua.edu.cn
印 装 者：涿州市般润文化传播有限公司
经　　销：全国新华书店
开　　本：185mm×260mm　　印　张：9.75　　字　数：221千字
版　　次：2014年7月第1版　　印　次：2024年1月第6次印刷
定　　价：39.00元

产品编号：058257-02

foreword 前 言

如何提高秘书学专业学生的核心竞争力,一直是各方面都非常关注的问题。

在讨论有关秘书学专业学生的核心竞争力的问题之前,首先应清楚秘书应该具备什么能力。人们的能力通常分为基本能力和核心能力。基本能力是指一个组织的所有成员都应该具备的能力,而核心能力则是指成员在组织内区别于其他成员的能力。比如,在一家公司里,不管是秘书、客服,还是推销、财务,都需要具备一定的沟通能力,因此,沟通能力就是秘书必备的基本能力;而像档案管理、公文写作等能力,只有秘书才需要,所以,这是秘书的核心能力。在一般情况下,人们的基本能力决定其在组织内的生存能力,而人们的核心能力则决定其在组织内的职业发展能力。基本能力是核心能力发挥作用的基础,没有一定的基本能力,核心能力就得不到充分发挥;而核心能力是基本能力价值的体现,没有核心能力的充分发挥,基本能力再强也没有什么意义。

秘书应具有什么基本能力呢?基本能力又分为必要基本能力和非必要基本能力。必要基本能力是不可或缺的基本能力。比如,沟通能力就是秘书的必要基本能力。也就是说,如果秘书不具备一定的沟通能力,就做不好秘书工作。非必要基本能力是指那些锦上添花的能力,即具备了更好,不具备也不影响日常工作的能力。比如开车,秘书会开车当然不错,但不会开车也不影响秘书做好日常工作。秘书应具有什么基本能力,由其所在组织的实际情况决定。因此,学校在培养秘书学专业学生的基本能力时,应根据学校的定位设置课程。比如,上海的一些学校与内地的一些学校的定位不尽相同。一些上海的学校将目标定位于世界500强企业,就应加强英语等基本能力的培养;而内地许多学校将目标定位于当地的一些微小企业,就应加强应酬等基本能力的培养。随着社会的进步,对秘书基本能力的要求也会发生变化。但是,不管学校如何定位,沟通能力、外语能力、职场礼仪、经营能力(知识)、职场常识、职业规划等都是秘书学专业学生应具备的基本能力(知识)。

秘书应具备的核心能力,是由秘书承担的责任决定的。秘书的责任是为上司创造良好的决策环境,而上司的决策环境又分为有形的环境和无形的环境。有形的环境是指秘书协助上司处理日常杂务,如整理办公室、接打电话、招待客人、筹备会议等,这些能力也称为有形能力。上司决策所需的无形环境是指秘书为上司收集决策所需的信息,如经营信息、人事信息、科研信息等。为上司创造良好的决策环境的能力又称为广义的信息收集能力,这种能力的高低取决于秘书处理人际关系的能力,因为秘书只有与各方面保持良好的关系,才能及时收集到有用且完整的信息。而人际关系处理能力实际上就是情商。秘书能力(知识)的结构见下图。

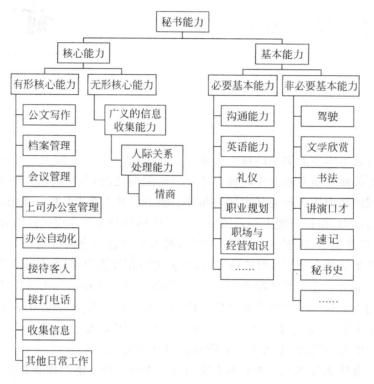

秘书工作的最大特征是"打杂",而"打杂"的技术含量不高,准入门坎很低,不仅整理办公室、筹备会议、帮上司制订工作日程等如此,就连很多秘书感到头痛的公文写作和档案管理也是如此。因此,秘书有形的核心能力并不能成为秘书在职场上的核心竞争力,只有秘书核心能力中的无形能力——人际关系的处理能力(特别是与上司打交道的能力),也就是情商,才有可能成为核心竞争力。

在现代职场上,所有白领都需要与上司打交道,都需要情商,从这个意义上来说,情商属于秘书的基本能力。但是,秘书又是一种非常特殊的职业,它是为上司而存在的,因而现实对秘书与上司打交道能力的要求远远超过其他职业,而与上司打交道的能力又是情商的典型表现,所以,情商又属于秘书的核心能力。比如,现在一些秘书觉得给上司写材料很困难,不是他们不熟悉公文格式或文字功夫太差,而是他们不知道上司的想法,不知道上司希望自己将稿子写成什么样,所以他们不知如何动笔。不知道上司的想法,这是秘书识别感情能力不高的表现,是低情商的典型"症状"。如果一个秘书真正做到"能从上司的后脑勺看出上司在想什么",在职场上还有什么人能与其竞争呢?所以,高情商是秘书的核心竞争力。

情商是人们在识别自己和对方感情的基础上调整自己与对方行为的一种能力。它有两大特点:①每个人都有情商,只是高低不同;②人们通过适当的训练可以大幅度地提高情商。因此,秘书学专业的课程设置,应把提高情商作为重中之重。对于秘书学专业的学生来说,他们与高中生相比应该胜在基本能力;与英语、管理等专业的学生相比,应胜在核心能力,特别是具备与上司打交道的较高情商。

2013年5月,习近平总书记在天津与大学毕业生座谈时指出,情商是一种"适应社会

的能力",它比智商更重要。当前是大学生"史上最难毕业季",大学生就业困难与他们适应社会能力不强有很大的关系,而"适应社会能力不强"实际上是情商不高的典型表现。因此,在我国开展情商教育,特别是在秘书学专业开展情商教育有很强的迫切性。

  本书出版的目的是让读者通过学习本书实现三个目标:①系统地了解现代情商的基本理论;②基本掌握在日常学习和生活中提高自己情商能力的要领;③初步学会处理自己感情上的常见问题,特别是处理人际关系方面的问题。

  为了实现上述三个目标,编者在编写本书的过程中一直坚持以下四项原则:①注意吸收当前情商理论的最新研究成果,保持教材理念的先进性;②注意结合当前的国情,增强教材的针对性;③着力解决当前大学生普遍面临的感情问题(特别是处理人际关系方面的问题),保持教材的实用性和可操作性;④为了方便读者自学,尽量使之通俗易懂。

  在本书的编写过程中,得到了上海建桥学院吴美、汤炯君和陶淇琪等老师的大力支持,在此表示衷心的感谢!

  情商是一门年轻的学科,严格来说它还未满20岁,来到中国的时间更短。正因为年轻,它正在茁壮成长,可以说是日新月异。因此,尽管编者竭尽全力,但由于水平有限,本书仍有种种不足之处,所以,我们期望与广大师生和相关学者进行交流,希望读者对本书给予批评指正,以便将来修订完善。

谭一平

2014 年 3 月

目录

第一章　秘书情商学概述 ……………………………………………… 1
第一节　情商学基础知识 …………………………………………… 1
第二节　秘书工作概述 ……………………………………………… 9
第三节　秘书情商学的任务 ………………………………………… 12
第四节　心理学概述 ………………………………………………… 13
思考题 …………………………………………………………………… 15

第二章　秘书识别感情的能力 ………………………………………… 16
第一节　识别感情能力概述 ………………………………………… 16
第二节　秘书自我认识的能力 ……………………………………… 20
第三节　识别感情的方法 …………………………………………… 26
思考题 …………………………………………………………………… 32

第三章　秘书利用感情的能力 ………………………………………… 33
第一节　利用感情能力概述 ………………………………………… 33
第二节　秘书的想象力 ……………………………………………… 38
第三节　利用感情的方法 …………………………………………… 41
思考题 …………………………………………………………………… 45

第四章　秘书理解感情的能力 ………………………………………… 46
第一节　理解感情能力概述 ………………………………………… 46
第二节　秘书的思维能力 …………………………………………… 48
第三节　理解感情的方法 …………………………………………… 51
思考题 …………………………………………………………………… 55

第五章　秘书调整感情的能力 ………………………………………… 56
第一节　调整感情能力概述 ………………………………………… 56
第二节　秘书控制情绪的能力 ……………………………………… 62
第三节　调整感情的方法 …………………………………………… 64
思考题 …………………………………………………………………… 70

第六章 用情商建立和谐的人际关系 71

- 第一节 处理人际关系的基本原则 71
- 第二节 与上司之间的关系 75
- 第三节 与上司打交道的要点 81
- 第四节 与其他秘书之间的关系 82
- 第五节 与公司一般同事的关系 84
- 第六节 与客户之间的关系 86
- 思考题 87

第七章 用情商提高沟通的效率 88

- 第一节 有效沟通的基本原则 88
- 第二节 有效沟通的基本方法 93
- 第三节 与上司沟通的要点 98
- 思考题 106

第八章 用情商进行自我管理 107

- 第一节 感情的管理 107
- 第二节 学习的管理 109
- 第三节 健康的管理 109
- 第四节 财务的管理 110
- 思考题 110

第九章 秘书提高情商的方法 111

- 第一节 秘书情商的自我检测 111
- 第二节 提高识别感情能力的方法 115
- 第三节 提高利用感情能力的方法 123
- 第四节 提高理解感情能力的方法 131
- 第五节 提高调整感情能力的方法 137
- 思考题 146

参考文献 147

第一章
chapter 1

秘书情商学概述

学习目的

(1) 了解情商的含义;
(2) 了解情商的构成;
(3) 了解情商与智商的区别;
(4) 了解情商学与心理学的关系。

秘书情商学是一门以情商学为理论基础,以秘书在工作中感情变化规律为主要研究对象的学科。系统而又完整地掌握秘书情商学,对做好秘书工作具有极其重要的意义。

第一节 情商学基础知识

一、情商的定义

情商是什么?先来看一个例子。

下个星期就要开董事会了,市场部经理胡明起草的那份文件昨天就应该送给老总审核,可到今天快下班了胡明还没把文件送来。于是,老总让秘书周倩去催:"你告诉胡明,如果他今天不把文件给我弄好,那他明天就不要来上班了!"到了市场部后,胡明对周倩说自己前天刚从上海出差回来,助理昨天又辞职了,最早也得明天下班之前才能把文件赶出来。听他这样推托,周倩心里很反感,本想说:"你自己对老总说这些理由吧!"但她最后还是忍住了,微笑着对胡明说:"别说那么多了,现在我能帮你什么忙吗?"听周倩这么说,胡明有些不好意思了,说:"小周,你先回办公室,我抓紧时间,哪怕加班到晚上12点,也一定在明天上班之前把材料给你送去。"

这就是情商,是周倩的情商在发挥作用!

情商的定义:情商是人们在识别自己和对方感情的基础上调整自己与对方行为的一种能力。

对于现代人来说,情商是一种必备的基本生存能力。什么是"基本的生存能力"?人们的基本生存能力与其"人生的基本责任"紧密相关。每个人都有义务承担自己人生的基本责任。人生的基本责任是获得足够的收入,保障自己及家庭成员的衣食住行。人们只有承担了人生的基本责任,才有可能承担更多的社会责任,追求自己的梦想。

人们要承担自己人生的基本责任,就必须具备相应的能力,而这种能力就是人生的基本能力。那么,人生的基本能力具体是什么呢?人是各种社会关系的总和,人必须生活在社会之中,所以,与周围的人保持和谐的关系是每个人都必须具备的能力,这就是人的"基本的生存能力"。

一个人情商高低的主要标志是他关注周围人的感情的程度。高情商的人关注周围人的感情,他们在与对方沟通之前会根据对方的感情状态选择合适的沟通方式。由于能选择合适的沟通方式,高情商的人能恰到好处地满足对方内心感情的需求,引发双方的共鸣,从而与对方建立和谐的人际关系。因此,可以说情商是"人生基本的生存能力"。

人们常说"情商"决定命运。那么,"情商"是如何决定命运的呢?每个人的命运都是由自己无数个行为决定的,而人的每一种行为都是由自己的感情支配的。也就是说,人有什么样的感情就会有什么样的行为,有什么样的行为就会有什么样的命运。人们有什么样的情商就会将感情调节到什么样的状态,所以,情商决定命运。

二、情商的构成

情商是由识别感情、利用感情、理解感情和调整感情四种能力构成的。为了形象地说明这四种能力,先来看一个例子。

吴娜是公司总经理办公室新来的秘书。这天,总经理办公室主任让她去某政府部门办理一个特批手续,并面授机宜,教她如何把手续批回来。但是,到了某政府部门之后,由于对方心情不好,所以卡着不批。见对方鸡蛋里挑骨头,吴娜便据理力争,这让对方感到很没面子,最后不欢而散。吴娜回来后向上司汇报,上司责怪她:"手续没批下来,关系也闹僵了,今后怎么办事?"

在外面受了一肚子窝囊气,本想听上司几句表示理解的话,没想到得到的是责备,于是她忍不住回敬上司:"我是按你说的去做的!手续没办下来,责任不在我一个人!"

"你的意思是我让你得罪他们的?"见吴娜推卸责任,上司的火气更大了,"你现在就走人!"

积压在吴娜心头的不满像洪水一般涌出,她说:"走就走,有什么了不起!"

当晚,吴娜感到非常懊悔,流下了伤心的眼泪。吴娜平时很尊重上司,希望他能帮自己更快进步。事实上,上司也看好吴娜,他觉得她为人谦逊、工作踏实。现在这一切都毁了。

如果吴娜能充分发挥情商的作用,事情可能完全是另一种情形。

1. 识别感情

如果吴娜面对上司的批评这么想:"上司对我工作中的失误感到非常恼火,我对上司的批评也感到窝火,我现在这种情绪应加以控制。"她情商中的识别感情能力就在发挥作用。

识别感情的能力是人们清楚地知道自己正在被什么样的感情支配,并通过表情、声音、姿势等肢体语言读懂对方的感情处于什么状态的一种能力。

2. 利用感情

如果吴娜在挨了上司的严厉批评,识别自己和上司的感情之后这样想:"上司这么批评我是为我好,我应该感谢他才对!""站在上司的立场上,他对我的批评是对的,换作我也会这么做!"这样她的心情会由阴转晴。她在将自己的感情向积极的方向调整,这是她情商中的利用感情的能力在发挥作用。

利用感情的能力是人们采取行动将自己的感情保持在与目标(或环境)相适应的状态的能力,也就是人们常说的快速进入角色的能力。

3. 理解感情

如果吴娜知道了上司为什么这么严厉地批评自己,她会这么思考问题:"上司不是因为讨厌我才发火的,是因为我工作出现失误让他失望。""如果我任性、公开地顶撞他,他会更愤怒。"她能这么思考问题,是她情商中的理解感情的能力在发挥作用。

理解感情的能力是人们与对方感情相通的一种能力。

4. 调整感情

如果吴娜完全理解了上司批评自己的真正原因之后,就会认识到自己必须维持与上司之间的良好关系,因此她会主动向上司道歉:"实在对不起!今天的手续没办下来,是我工作失误造成的,我一定争取尽快将手续办下来!"对吴娜的这种态度,上司会表示理解:"没什么,下次注意就行了!"由于吴娜及时向上司道歉,上司不仅立刻表示理解和接受,而且他会更欣赏吴娜。吴娜之所以决定向上司道歉,是她情商中的调整感情的能力在发挥作用。

调整感情的能力是人们在完全理解对方感情的基础上,利用这种感情解决问题的一种能力。

三、情商的作用方式

上述吴娜的一系列心理活动,是她发挥情商作用的全过程。情商发挥作用是从识别感情开始,沿着利用感情和理解感情这条路线前进,最后到达调整感情,采取有效行动。

每个人都有情商,而且情商随时都在发挥作用,只是大部分人没有意识到这一点,情商是在无意识地在发挥作用。比如,江芳中午在餐厅一边吃饭一边与同事聊天,这时她的上司通过手机与她联系,于是她立即控制自己快乐的情绪,冷静地与上司交流。这就是她的情商在发挥作用。她在与同事聊天时很快乐,当她接到上司的电话之后,马上调整了自己的情绪,将自己的感情调整到一种新的状态。

上司来电话之后立即调整自己的感情,这种情况无论哪个秘书都碰到过,这样的感情运动就是情商在起作用。没人能感觉到"现在我正在发挥情商的作用"。情商识别感情、利用感情、理解感情和调整感情这四种能力关系密切，相互补充，共同作用。如果秘书能根据实际情况灵活地调整自己，他就能与周围的人保持良好的人际关系。

四、情商的三大特点

（1）情商是每个人生来就具备的素质。与智商相比，情商的遗传因素少得多，但每个人天生就具备一定的情商，只不过这种能力的大小因人而异。

（2）通过训练，每个人的情商都可以得到不同程度的提高。情商受遗传等先天因素影响较少，只要进行适当的训练，就能得到大幅度提高。而秘书每天的工作和生活就是提高自己情商的最佳平台。

（3）情商能让人根据具体情况采取适当的行动。情商是通过识别感情从而调整双方感情的一种能力，所以，它能让人们根据当时的具体情况采取正确的行动。

五、感情的六条定律

（1）所有的感情都包含信息。感情是因为人们周围世界（也包括人们自身）的变化而发生的，所以它包含"发生变化的事情"的信息。比如，秘书成功地筹办了公司客户招待会，会后总经理称赞了秘书，并给了马尔代夫10天旅游的奖励。马尔代夫10天旅游给秘书带来了"快乐的"回忆。在秘书这种"快乐的"感情中，就包含了秘书在马尔代夫旅游期间见到的美丽风景等信息。

（2）无视感情并压抑它是无效的。感情支配人们在生活中各个方面的行动，无视感情的存在不仅是不可能的，而且有时会造成"抽刀断水水更流"的负面效应。

（3）人们的感情是隐瞒不了的。有些人为了达到某种目的而隐瞒自己的真实感情，尽管他们"演技"高明，但那仅仅是"演技"而已。

（4）人们要做出正确的决策就必须考虑感情因素。人是感情动物，所有行为都受感情的支配，所以，决策时不可能与感情"绝缘"，所谓"公事公办"是很难做到的。

（5）感情的变化是有规律的。感情经常看上去很复杂，宛如一团乱麻，剪不断理还乱，但实际上它的变化是有规律的、有章可循的。感情就如同下象棋，尽管棋局千变万化，但无论是车马象士，还是兵卒将帅，都是按一定的规则在行走。

（6）感情既有一定的普遍性，又有一定的特殊性。由于感情是人们对外界变化作出的反应，所以感情具有一定的普遍性。比如，不管是中国学生还是美国学生，只要考试成绩优秀，都会感到高兴。但是由于历史、文化、生活习惯等方面的差异，他们表现高兴的方式又各不相同。

六、情商作用四步曲

情商是人们一种必备的基本生存能力，特别有益于处理人际关系。为了便于理解如何用情商处理人际关系，现将情商作用简化为四步，简称"情商作用四步曲"。如果秘书在人际关系方面遇到问题，可以按照下面4个步骤进行处理。

第一步，识别感情——对方现在在想什么？

第二步,利用感情——对方为什么会有这样的想法?
第三步,理解感情——对方下一步会怎么办?
第四步,调整感情——自己应该采取什么样的应对措施?
如果秘书能准确地回答这4个问题,就能妥善地处理与周围人的关系。

七、情商是秘书职场的核心竞争力

在现代职场上,人们的能力通常分为基本能力和核心能力。基本能力是指一个组织内所有成员都应该具备的能力,而核心能力则是指成员在组织内区别于其他成员所需的能力。比如,在一个公司里,不管是秘书、客服,还是推销、财务,都需要具备一定的沟通能力,因此,沟通能力是秘书必备的基本能力;而像档案管理只有秘书才需要具备这种能力,所以,它是秘书的核心能力。在一般情况下,人们的基本能力决定其在组织内的生存能力,而人们的核心能力决定其在组织内的职业发展能力。基本能力是核心能力发挥作用的基础,没有一定的基本能力,核心能力就得不到充分发挥。核心能力是基本能力价值的体现,没有核心能力的充分发挥,基本能力再强也没有意义。

在现代职场上,所有白领都需要具备与人,特别是与上司打交道的能力,从这个意义上说,情商属于秘书的基本能力;但是秘书又是一种非常特殊的职业,它是为上司而存在的,因而现实对秘书与上司打交道能力的要求远远超过其他职业,而与上司打交道的能力又是情商的典型表现,所以情商又属于秘书的核心能力。

八、情商与智商的关系

智商(Intelligence Quotient,IQ)是一个与情商关联度很高的概念,智商是指人们的逻辑处理能力和语言能力。情商则正相反,主要表示的是人的社会生存能力,是人们在社会中生存与发展的综合智能。

1. 情商与智商的区别

首先,智商和情商是两种不同的心理品质。智商主要反映人的认知能力、思维能力、语言能力、观察能力、计算能力等。也就是说,它主要表现人的理性能力。它体现的是大脑皮层中主管抽象思维和分析思维的左半球大脑的功能。情商主要反映的是一个人感受、理解、运用、表达、控制和调节自己情感的能力,以及处理自己与他人之间的情感关系的能力。

其次,智商和情商的形成基础不同。情商和智商虽然都与遗传和环境因素有关,但它们与遗传和环境因素的关系是有所区别的。智商与遗传因素的关系远大于社会环境因素。情商的形成和发展虽与先天的因素有一定的关系,但人的情感容易受社会环境的影响,特别是容易受根深蒂固的从众心理的影响。

最后,智商和情商的作用不同。智商的作用主要在于更好地认识事物。智商高的人,思维品质优良,工作能力强,认识程度深,容易在某个专业领域作出杰出成就,成为某个领域的专家。情商主要与非理性因素有关,它影响人们的兴趣、意志、毅力等,所以它对人际关系的影响比较大。情商低的人一般人际关系紧张,待人接物水平不高;而情商较高的人通常情绪稳定,与周围的人相处得不错,事业和家庭都比较美满。

2. 情商决定智商的发挥程度

智商主要表示人的逻辑处理能力和语言能力，而情商则是一种在准确把握自己感情的基础上及时调整自己的情绪从而采取适当行动的能力。因为人们的行为都受感情支配，而情商又在调整人们的感情，如果把情商比作人们头脑中的操作系统，人们的智商（包括知识、技能、经验等在内）就是在这个操作系统上运行的应用软件。如果操作系统出了问题，在这上面运行的各种应用软件自然就不能很好地工作。比如，总经理秘书刘琳失恋了，而她又未能及时调整好自己的感情，因此，尽管她的写作能力很强，但她还是写不出让上司满意的文章来。因此，秘书只有先提升自己的操作系统——情商，他的工作能力，即技能、知识、经验等才能充分发挥作用。如果一个秘书的情商不高，即使他的智商再高，在职业上也不可能取得很大的成绩，当然更不可能影响自己周围的人。

小李是外语学院西方文学专业的研究生，去年应聘一家大型国企集团公司总裁办秘书职位。总裁办有6位秘书，除她拥有研究生学历，还有一个本科生外，其余4人都是大专毕业，而且都已年过30岁，因此，不到2个月，她就产生了一种无形的优越感。

这天老总开完会对小李说他与其他三位部门经理今晚去上海出差，让她订4张机票。

"是特等舱吗？"小李问。

"嗯。"老总回答。

小李赶紧下楼在商务处订了4张特等舱票。当她把机票都拿出来时，老总问她："谁让你订4张特等舱票？"

小李这才明白只有老总才有资格坐特等舱。于是，她又匆匆忙忙下楼把那3张换成经济舱。当她把那3张票给三位经理时，有人问她："你准备把老总一个人孤零零地扔在特等舱里？"

小李脸红了，准备找总裁办主任，问到底安排谁陪老总坐特等舱。回到办公室，主任不在，她从其他几个秘书脸上看出，她们似乎都在幸灾乐祸，嘲笑她这个外语学院的高材生连张飞机票都不会买。出现这种尴尬局面说明了高学历、高智商并不意味高情商。要想成为一个优秀的秘书，就必须提高自己的情商。

在一些人看来，智商高的秘书办事能力就强，职业发展速度更快，但事实并非如此。一些智商高的秘书由于恃才傲物，得不到上司与周围同事的支持和帮助，他们的能力往往很难正常发挥。相反，很多看上去才智平平的秘书，职业发展却一帆风顺，奥秘就在于他们头脑中的操作系统——情商，他们善于处理人际关系，能得到上司与同事的支持和帮助。

强调秘书的情商比智商更重要，并不否认秘书智商的重要性，因为秘书的智商是秘书工作的基础。如果秘书不具备一定的工作能力，自然不能成为一个合格的秘书。对秘书来说，情商与智商是其职业发展道路上的两个车轮，缺一不可。

九、情商学与心理学的关系

1. 情商学起源于社会心理学

社会心理学是心理学的一个重要组成部分。人是社会的实体，人作为社会的成员，总是生活在各种社会群体中,与其他人结成各种各样的关系,如亲属关系、朋友关系、师生关系、上下级关系。由于社会关系的客观存在,人们便产生了"感情"。在一个社会群体中,个人可能扮演着不同的角色,具有不同的价值观念和态度,存在不同的社会需要、社会规范、社会舆论和社会目的,因而人们具有不同的感情。如何调节人们不同的感情,以便建立起和谐的关系,是社会心理学研究的一项重要内容。情商学就是在这个基础上发展起来的,它的主要任务是研究在各种社会环境中人们感情运动的规律,为人们建立起和谐的关系提供理论依据和操作工具。

2. 情商学与心理学的区别

在学科分类学中,通常将学科分成自然科学和社会科学两大类。心理学要研究心理现象的物质本体,即心理的神经生物学基础,包括不同心理现象的脑机制,脑损伤与各种心理疾病的关系,脑发育对心理发展的影响,遗传在人类行为中的作用等。心理学还研究在计算机上模拟人类的行为,如知觉和问题解决,其研究成果在人工智能的研究中发挥着重要作用。在这个意义上,心理学的研究目标和手段与自然科学一样,因而具有自然科学的性质。

但是,人又是社会的实体,生活在特定的社会环境中,心理的发生和发展不能离开社会环境。离开人与人的交往,人的语言能力就不能发展起来,也不能获得高度发展的思维能力。人的感觉和知觉,如敏锐的观察力和音乐听力,也是在社会实践中发展起来的。人的性格是"自然和社会的合金",在性格的形成和发展过程中,社会环境起着重要作用。此外,心理学还研究社会心理和行为,这些心理现象和行为更是社会生活的产物。在这个意义上,心理学的研究又具有社会科学的性质。因此,在整个科学大家庭中,心理学处在中间的位置,因而可以叫做中间科学或边缘科学。

虽然情商学起源于心理学,但它的研究对象目前仅限于人的感情——主要社会环境变化的产物。虽然控制情绪主要是生理变化的产物,但仍是情商学的研究对象,不过其比重大大降低,它仅仅是情商四种能力中"调整感情"能力中的一小部分,而且已经基本上不再涉及神经生物学理论,所以,它演变成一门社会科学。

十、情商学的发展状况

1. 情商理论的诞生

1990年,美国《纽约时报》科学记者丹尼尔·戈尔曼偶然在一本不太知名的学术刊物上看到新罕布什尔大学约翰·梅耶和耶鲁大学彼得·萨洛维两位心理学家撰写的文章,他们在文章中第一次提出"情商"(EQ)的概念。当时人们一致认为,智商超群是卓越人生的衡量标准,不过对于智商是天生的还是后天学习得来的仍然存在争议。情商理论的出现,促使人们重新思考什么是人生成功的要素。受此启发,丹尼尔·戈尔曼在1995年写作了《情商》。与梅耶和萨洛维一样,在"情商"的概念之下,综合大量科学成果,把各个原本独立的科学分支统一起来,探讨了相关科学理论,比如研究人脑的情绪调节问题。

短短20年,情商现在几乎无处不在,情商的概念已经传播到世界的每一个角落。情商首先受到教育界的欢迎,一些学者发起了"社交与情绪学习"(SEL)项目。《情商》刚出版时,几乎没有面向儿童的情商项目,现在社交与情绪学习项目已经覆盖全世界几万所学校。目前美国很多地区把社交与情绪学习列为学校的必修课程,规定学生必须掌握这种不可或缺的生活技能,学生的情商竞争力必须像数学和语文那样达到一定的水平。比如,伊利诺斯州制订了详细而全面的社交与情绪学习能力标准,覆盖从幼儿园到高中的各个年级。小学低年级学生要学会识别和准确表述自身情绪,并了解情绪如何引发行为;小学高年级开设同理心课程,要求儿童根据非言语线索识别他人的感受;初中阶段,学生应当学会分析哪些东西会造成压力,哪些东西能激发出最佳表现;高中的社交与情绪学习技能包括通过有效倾听和交谈解决冲突,防止冲突升级,并协商双赢的解决办法。2002 年联合国教科文组织向全球 140 个国家的教育部发布了实施社交与情绪学习的十大基本原则,开始在全球范围推广社交与情绪学习。

情商不仅面向儿童教育,现在对商界也产生了很大的冲击,尤其是在领导力和员工发展领域(成人教育的一种形式)。《哈佛商业评论》把"情商"形容为"打破范式的创新观点",是近年来最有影响力的商业思想之一。美国罗格斯大学的"组织中的情商研究学会"(CREIO)有力地促进了情商的科学研究,其合作机构包括美国联邦人事管理处和美国运通公司等。许多大型跨国公司现在已经习惯把情商作为招聘、提拔和培训员工的标准。比如,"组织中的情商研究学会"的成员单位强生公司发现,在世界各地的分支机构中,被认为有高度领导潜力、处于职业生涯中期的员工,与不被看好的同级员工相比,前者的情商竞争力要远高于后者。

中国是一个历史悠久的文明古国,虽然我们的先人未曾用过"情商"之类的词汇,未出版过《情商学》之类的典籍,但在我们古老的东方智慧里,处处闪耀着"情商"的光芒。我们的先人喜欢使用的"心想事成"这个词,就是它最典型的表现。心想事成是指只要心里想着某种美好的事物,这种美好的事物就有可能变为现实。当人们觉得自己的未来是美好的,这种乐观的态度就会对他们的行为产生积极的正面影响,让他们对自己的行为结果有积极的期望。由于有这种积极的预期,他们就会做出正面积极的选择。由于选择更加有计划性和条理性,积极的预期就会转化为努力工作的动力。这样,当他们在做出一个正面积极的选择后,会采取相应的积极行动。因为采取了积极的行动,他们"心想"的变成现实的可能性就会大大增加。因此,当他们意识到自己的情绪不佳影响自己的判断力时,就会自觉地将自己的情绪向积极的方向调整,而这正是现代情商理论的精髓。

2. 作为应用型社会科学情商学基本成型

从约翰·梅耶和彼得·萨洛维两人在文章中第一次提出"情商"概念算起,情商理论诞生才 20 多年。哲学已有几千年的历史,心理学也有几百年的历史,与这些传统学科相比,情商理论只能算是新生事物。正因为年轻,情商理论处在快速发展过程中。近年来出现了一大批研究成果,不仅情商理论更加丰富,而且应用工具和应用范围也大大增加。情商理论近年取得突破性进步的标志是"四种能力理论"的出现。戈尔曼 1995 年在《情商》中接受了彼得·萨洛维的观点,将情商划分为 5 个方面的内容,即自我了解、自我管理、自我激励、识别他人的情绪和处理人际关系。进入 21 世纪后,彼得·萨洛维对情商的内容进行了重新划分,即情商由识别感情、利用感情、理解感情和调整感情构成。这种新的划分,不仅使情商理论更加系统规范,而且大大拓展了其应用领域。

情商理论还非常年轻,处在快速发展过程中。在琳琅满目的情商书籍中也还没有冠名为"情商学"的,但作为一门应用型社会科学它已基本成型。它不仅具备了坚实的理论基础、完整的理论框架、精确的测量标准等,而且得到了大量的社会实践验证。

第二节 秘书工作概述

一、秘书的定义

长期以来,秘书作为一种职业,在一部分人看来,秘书长相漂亮,地位显赫,出尽风头;但在另一部分人眼中,秘书缺乏个性,默默无闻,专为人做嫁衣裳。各种评价,不一而足。

那么,秘书到底是什么?秘书是为上司(即秘书的直接领导)而存在的,没有上司就不会有秘书这种职业。因此,要了解秘书的含义,就必须先了解"上司"是做什么的。

由于行业和职位的不同,"上司"们的工作千差万别,有的搞实业,有的做贸易,但他们工作的本质都是一样的,就是"决策"。随着市场竞争日益激烈,现代企业领导人的决策风险越来越大,而且企业规模越大,决策风险也越大。他们在日常工作中,经常要面对各式各样的问题,如人事问题、市场问题、新产品研发问题。面对这些问题,他们常常被迫作出各种决策,而且这些决策又必须是明确和及时的。因此,如果没有人帮助他们处理日常工作中的杂务,事事都需要他们亲力亲为,那就很难保证他们的决策是科学而且及时的。如果企业领导人的决策不能做到科学而且及时,就有可能影响企业的发展,甚至影响企业的生存。上市公司的领导人,不仅要对企业所有的员工负责,对企业所有的股东负责,还要对所有的经销商和供货商负责。由于企业的产品已进入千家万户,因此,他们还必须对整个社会负责。因此,如果企业领导人的决策失误,不仅会影响公司的发展,还会造成严重的社会影响。

为了让领导人的决策科学而又及时,就必须为他们创造一个良好的决策环境。所以,秘书的定义是:秘书是为上司创造最佳环境的人。

二、秘书的作用

领导人所需的决策环境可分为"硬环境"和"软环境",或者可称为"有形环境"和"无形环境"。良好的"硬环境"是指领导人办公室整洁舒适,领导人在决策时不易受外界的影响和干扰,能保持一个良好的心态,所以,这就需要秘书为他们整理办公室、转接电话、招待客人,甚至处理一些私人事务。良好的"软环境"是指领导人在决策过程中,要有充分、及时而又准确的决策信息。只有具备充分、及时而又准确的信息,领导人才能做出科学而又及时的决策,所以需要秘书为他们收集和整理各种信息。总而言之,企业为领导人配备秘书,是让秘书协助上司处理他们工作中的杂务,以便领导人能专心致志地工作。从这个意义上说,秘书的工作就是为上司"打杂"。

三、秘书的日常工作

秘书的日常工作是指秘书每天都要做的工作,它们一般都是固定的,不需要上司有专门的指示,秘书可以自行决定或处理。由于秘书的职责是帮助上司处理日常杂务,所以秘书的工作非常宽泛和琐碎。秘书的日常工作包括以下内容。

（1）上司办公室的整理，如文件资料管理、打扫卫生、照明、通风、温度调节、防止噪音。

（2）帮上司转接电话，如传达打给上司的电话；帮上司与有关部门联系，询问有关情况。

（3）帮上司招待来访的客人，如为客人带路、沏茶。

（4）上司的日程管理，如帮上司制订日程表，日程表调整后与有关方面协调。

（5）为上司出差作准备，如帮上司借支差旅费、预订飞机票或火车票、预订旅馆、准备出差文件、与出差地的接待方联系、回来后帮上司报销差旅费。

（6）帮上司起草文件，处理往来信函等。

（7）会务工作，如起草会议通知、落实会议地点、布置会议室、做会议记录。

（8）信息管理，如帮上司收集公司和行业内外的信息、整理资料。

（9）照顾上司的日常生活，如安排汽车、订午餐、提醒上司按时吃药、接待上司的私人朋友。

秘书在处理上述日常工作的同时，还要处理一些突发性的工作，如上司急病、员工发生事故、重要客户急病或突然死亡、媒体采访、遇到骚扰。发生突发事件时，秘书更需要冷静。

四、秘书工作的特点

1. 需要自己马上拿主意的事情多

秘书虽然是辅助上司工作，但经常需要当机立断。一般来说，秘书应事先与上司协商处理的方式，避免"自作主张"。比如，某天上午10点左右，上司正在主持一个小型会议，听取有关部门关于工厂污水处理设备运行情况的汇报。这时秘书接到上司一个老朋友打来的电话，对方要求与上司通话。按有关规定，公司领导人在开会时不得接电话，但是，如果秘书机械地拒绝对方，则有可能铸成大错，因为说不定上司因为想了解某种信息而早就在等对方的电话。因此，在这种情况下，秘书应该悄悄告诉上司，听听他有什么吩咐。

秘书在平时就应注意熟悉上司的工作内容、社交范围等情况，俗话说留心留学问。如果秘书对上司的工作非常了解，即使遇到这种突然的情况，也能马上判断出来应如何应付，不至于措手不及。

2. 工作的内容变化快

秘书工作的内容不仅繁杂而且变化快，需要秘书随时根据实际情况对手上工作进行调整。比如，按原定的日程安排，秘书下午两点应陪上司去天成公司拜访王总，落实明年销售代理问题，可就在下午1：30，天成公司王总的秘书小程来电话，说王总今天下午有急事要出门，希望将会面时间改为明天上午9：30。如果推到明天上午9：30，原定上司明天去省城跟大地广告公司谈广告的时间就得改期，什么时候再约大地广告公司……面对这种多米诺骨牌效应，秘书要重新与各方联系协商，及时调整上司的工作日程；调整之后，又要尽快通知有关部门，如上司的司机。

3. 一心几用的时候多

秘书工作不仅繁杂多变,而且常常须同时处理几项工作。这天,秘书正准备给刚刚出差回来的上司报销差旅费,上司来电话让她赶紧给他去送一份资料;刚刚把资料找出来,前台又来电话说有一位客人找……哪些工作应该优先处理,哪些事情可以暂缓,如果秘书分不清它们的轻重缓急,则有可能捡了芝麻,丢了西瓜,把工作搞得一团糟,最后让上司失望。

4. 忙闲苦乐不均

秘书经常是忙碌的,但并不总是忙碌的,如遇到上司长期出差或学习等,秘书就显得比较清闲了。忙的时候相当忙,闲的时候也相当闲,这是秘书工作的另一个特征。

五、秘书工作的发展趋势

随着信息技术的迅猛发展,特别是互联网走进千家万户,秘书工作的方式开始发生革命性的变化,企业领导人对秘书的要求也在悄悄地发生变化,因此,秘书工作的综合化、信息化和国际化已成为发展趋势。

1. 秘书工作的综合化

由于企业经营活动日趋复杂化和多样化,上司对秘书工作有了许多新要求,使秘书工作开始综合化。比如,在公司的新产品新闻发布会上,秘书要像外交部礼宾司的官员那样既有良好的教养,又能娴熟地应付各种突发情况;在与客户进行业务谈判时,则要求秘书有坚韧的耐性和丰富的业务知识,能处理谈判中各种棘手的问题。因此,秘书不仅要有一定的专业知识,还要有多方面的知识。

2. 秘书工作的信息化

随着IT技术的发展和互联网应用范围的扩大,企业领导人在经营管理方面也面临着挑战,他们如果只有经营管理能力而没有相应的技术方面的知识,就无法适应高度信息化社会发展的需要。对于企业高层管理人员来说,从经营管理信息系统到决策支持系统都是他们在实际工作中面临的新课题,因此,秘书应与上司同舟共济,迎接信息化挑战,尽快掌握这些新的办公方法,为公司领导的决策提供帮助。只有这样,才更能体现作为辅助上司决策的秘书的存在价值。

目前,利用在线办公进行经营管理也是一种趋势。公司领导人利用电视会议、电子板等通信手段完成工作中的交流沟通活动已经非常普遍了,而且它们的性能更是日新月异。比如,秘书用视频的形式安排上司与客人会谈,这样可以大大降低秘书接待客人的业务量。

信息处理能力对于秘书越来越重要。尽管计算机处理信息的能力是人类无法比拟的,但是它对信息的质量,即信息的重要性、机密性和紧急性的判断却无能为力,只有靠具备相应经营管理意识的秘书,用自己的经验与知识进行过滤和取舍。比如对电子邮件的处理,虽说电子邮件已经大大改变了人们的办公方式,但是,通过电子邮件发送的信息量越来越大,可内容越来越简单,而且其中还有一些让人莫明其妙的信息,如果上司没有秘书的帮助,他们将面对大量无用的信息。因此,现在大多数上司把电子邮件交给秘书处理。

随着信息化进程的加快,要求秘书本身的"软件"不断升级配套。一方面,秘书要有更好的组织协调能力;另一方面,秘书要有更好的表达能力,包括口头的和书面的。作为秘书,不仅要能利用先进设备提高自己的工作效率,更要利用它们开拓自己的视野,丰富自己的大脑。

3. 秘书工作国际化

随着世界经济一体化进程的加快,我国的企业,无论是国营还是民营企业,国际化的步伐都在加快。最近几年,企业收到外文的传真、电子邮件、电话和接待外国客商来访,已是司空见惯的事情了。在一些大企业,接待外国客户来访几乎是一种日常性工作。如果秘书连一句极常见的英语都不会说,就实在说不过去了。所以,秘书要在平时注意学习外语,特别是学习英语。秘书在提高外语水平的同时,应加强对世界各国文化及价值观的了解,这样才能做到在国际交往中畅通无阻。现在的国际化人才,至少应对国内外政治和经济动向具备敏锐的洞察力,对各国社会文化和价值观十分了解,具备与外国人打交道时必要的知识和语言能力,能够对外国人感兴趣的一些问题作出令人信服的解答,能对外表现积极合作的姿态,能够具备作为一名中国人应有的良好教养和人品等。

第三节 秘书情商学的任务

一、秘书情商学的基本内容

以情商学为理论基础,以秘书在工作中感情运动的规律为主要研究对象,探索感情发生、发展和变化的规律是秘书情商学的基本任务。秘书情商学的基本任务主要是研究以下几个方面的内容。

1. 秘书识别感情的能力

秘书识别感情的能力是构成秘书情商的基础。秘书识别感情的能力有哪些特征?秘书自我认识的能力表现在哪些方面?秘书如何识别自己和他人的感情?秘书如何正确地表达自己的感情?秘书如何判断自己的感情是否合适?这些都是秘书情商学需要重点研究的问题。

2. 秘书利用感情的能力

秘书利用感情的能力是开展秘书创造性的前提。那么,秘书利用感情的能力有哪些特征?秘书在工作中如何展开想象?秘书如何利用感情来促进思考?秘书如何将感情与思考融为一体?这些也是秘书情商学需要重点研究的问题。

3. 秘书理解感情的能力

秘书理解感情的能力属于认识能力范畴。秘书如何提高思维能力,特别是逻辑推理能力?秘书如何了解感情产生的原因?秘书如何运用感情 What-if 分析法?这些都是秘书情商学需要重点研究的问题。

4. 秘书调整感情的能力

秘书调整感情的能力是秘书情商能否真正发挥作用的关键。秘书调整感情的能力有哪些特征?秘书在工作中如何控制情绪?秘书如何坦然地接受各种感情?秘书如何进行自我激励？如何将感情与客观环境联系起来？秘书如何让感情适应氛围？这些都是秘书情商学需要重点研究的问题。

二、研究秘书情商学的意义

科学在人类社会生活中的作用主要表现在正确地解释现象，科学地预测现象，有效地控制现象和从不同方面提高人的生活质量。秘书情商学作为一门科学，在这些方面同样具有重要的意义。

秘书工作的最大特征是"打杂"。"打杂"的技术含量不高，但要做好秘书工作又非常不容易。这是为什么？能否做好秘书工作实际上与心态有关。如果秘书不能调整好自己的心态，学历再高、能力再强也做不好秘书工作。心态问题的实质是一个感情的调整问题。秘书情商学能科学地解释秘书在工作中遇到的普遍的感情现象，因此，秘书情商学研究对我国秘书工作的开展具有重要的理论意义。

科学的重要作用在于预测和控制。秘书掌握了自己感情运动的规律，就能根据自己工作的需要去预测和调整自己的感情。比如，在现代职场上，秘书是职业倦怠症的高发群体。秘书的"职业倦怠症"是在繁重而又单调的工作中产生的身心俱疲、能量被耗尽的感觉。秘书之所以容易产生职业倦怠症，主要还是感情方面的原因造成的。解决感情方面的问题，情商自然是最合适的方法。首先，它能找出职业倦怠的具体原因，然后将感情向合适的方向调整。因此，秘书情商学研究对我国秘书工作的开展具有重要的实践意义。

第四节　心理学概述

秘书情商学是以情商学为理论基础发展起来的一门科学。为了更好地理解秘书情商学，有必要了解情商学的理论基础——心理学的常识。

自古以来，人类在探索自然界奥秘的同时，也在不断地探索人类自身的奥秘，特别是心灵的奥秘。例如，人的本性怎样？是"性本善"还是"性本恶"？人为万物之灵，和其他动物的区别和联系是什么？人如何认识世界，进行思考、计划和决策？人如何调节自己的心理活动，进而改变自己的行为？人有哪些需要？这些需要又怎样转化为行为的动机，推动人进行各种各样的活动？人的气质和性格是怎样形成的？遗传和环境在个体的心理发展中起什么作用？等等。采用科学的方法对这些问题进行研究，形成了一门独立的学科——心理学。

一、心理学是研究心理现象的科学

在我们周围的环境中，有各种各样的现象，如日月星辰、山川河流、飞禽走兽、风土人情、社会准则，它们有的属于自然现象，有的属于社会现象。这些现象分别由不同的学科进行研究，构成了人类不同的知识领域。人的心理现象是自然界最复杂、最奇妙的一种现象。人眼可以看到五彩缤纷的世界，人耳可以聆听旋律优美的钢琴协奏曲，人脑可以存储异常丰富的知识，时过境迁而记忆犹存。人有"万物之灵"的智慧，人能运用自己的思维去探索自然和社会的奥秘，用语言交流思想和情感；人还有七情六欲，能通过活动去满足自己的各种需要,并在周围环境中留下自己意志的印迹……总之,人类关于自然和社会方面的各种知识,他们在认识世界、改造世界方面所取得的一切成就,都是和人的心理的存在和发展分不开的。

心理学是研究心理现象的科学。它以自己特有的研究对象与其他学科区别开来。心理学既研究动物的心理,又研究人的心理,而以人的心理现象为主要的研究对象。

二、心理学研究的具体内容

心理学主要研究的是人的心理现象。人的心理现象大致可以分为认知、动机和情绪、能力和人格3个方面。

1. 认知

认知指人获得知识或应用知识的过程或信息加工的过程,这是人最基本的心理过程。它包括感觉、知觉、记忆、思维和语言等。人接受外界输入的信息,并将这些信息经过神经系统的加工处理,转换成内在的心理活动,进而支配人的行为,这个过程是信息加工的过程,也是认知过程。

人获得知识或应用知识的过程开始于感觉与知觉。感觉是人对事物个别属性和特性的认识,如感觉到颜色、明暗、声调、香臭、粗细、软硬等。人的知觉是对事物的整体及其之间的联系与关系的认识。人通过感觉、知觉所获得的知识经验,在外界刺激停止作用后,并没有马上消失,还被保留在人脑中,并在需要时能再现出来。这种积累和保存个体经验的心理过程,就叫记忆。人不仅能直接感知个别、具体的事物,认识事物的表面联系和关系,还能运用人脑中已有的知识和经验间接地、概括地认识事物,揭露事物的本质及其内在的联系和规律,形成对事物的概念,进行推理和判断,解决面临的问题,这就是思维。人还能利用语言把自己认识活动的成果与别人进行交流,接受别人的经验,传达自己的感情,这就是语言活动。语言在人类生活中具有巨大的作用。

2. 动机和情绪

人类的认知和行为是在动机的支配下进行的。动机是指推动人的活动并使活动朝向某一目标的内部动力。动机的基础是人类的各种需要,即人在生理上和心理上的某种不平衡状态。人有生理的需要,也有社会的需要,如劳动的需要、人际交往的需要、成就的需要、自尊的需要。人有物质的需要,也有精神的需要。正是在各种需要的基础上形成了人的不同的动机。动机具有性质和强度的区别。动机不同,人们对现实的态度以及相应的行为方式也不一样。

人在加工外界输入的信息时,不仅能认识事物的属性、特性及其关系,还会形成对事物的态度,产生满意、不满意、喜爱、厌恶、憎恨等主观体验,这就是情绪。事业的成功、朋友的支持、家庭的团聚,使人感到愉快、兴奋和喜悦;而工作的失利、朋友的讥讽、亲人的争吵,使人感到沮丧、愤怒和痛苦。情绪在认知的基础上产生,又对认知产生巨大的影响,成为调节和控制认知活动的一种内在因素。积极情绪能激发人们认识事物的积极性,使人锐意进取;相反,消极情绪会使人消沉、沮丧,熄灭人们认识与创造的热情,严重时会危害人的身心健康,使人厌世、轻生,甚至夺去人的生命。

人不仅能认识世界,对事物产生肯定或否定的情绪,而且能在自己的活动中有目的、有计划地改造世界。这种自觉的能动性是人和动物的本质区别。心理学把这种自觉地确定目的并为实现目的而自觉支配和调节行为的心理过程称为意志。意志与认知、情绪有密切的关系。人对自己行为的自觉调节和控制，是根据自己的认识和情绪来实现的。而人的意志的坚强或懦弱又对人的认识和情绪产生巨大的影响。

3. 能力和人格

人在获得和应用知识的过程中，或者说在信息加工过程中，还会形成各种各样的心理特性，显示人与人之间的心理差异。人的心理特性有些是暂时的、偶然出现的，有些是稳固的、经常出现的。这些稳固而经常出现的心理特性，叫个性心理特性或个性。心理特性包括能力和人格两个方面。正是这些心理特性，使人与人的心理活动相互区别开来。

总之，认知、动机和情绪、能力和人格是个体心理现象的3个重要方面，是心理学的主要研究对象。这3个方面不是割裂的，而是互相联系、互相依存的。例如，认识的需要会推动人探索世界，交往的需要会推动人建立各种人际关系，并获得各种各样的情绪体验。同样，人的需要的产生和发展又依赖于认知。一个秘书正是由于积累了丰富的知识，认识到自己的工作对上司和企业的意义，并且有了对自己工作的强烈责任感，才会产生执著的工作动机，并为此而努力。

思 考 题

1. 情商的定义是什么？请举例说明。
2. 情商是由哪4种能力构成的？
3. 为什么说"秘书的情商比智商更重要"？谈谈自己的体会。
4. 你的4种情商能力的构成如何？哪种能力比较强？哪种能力比较弱？你对此有什么计划？

第二章

秘书识别感情的能力

(1) 熟悉识别感情能力的基本内容；
(2) 了解识别感情能力对做好秘书工作的意义；
(3) 了解自己感情上的需求；
(4) 知道如何在日常工作中发挥识别感情能力的作用；
(5) 掌握在日常工作和生活中提高识别感情能力的方法。

识别感情的能力是人们清楚地知道自己与对方的感情处于什么状态的一种能力。它包括 4 个方面的内容：识别自己的感情、识别对方的感情、正确地表达感情和判断自己的感情是否合适。

第一节 识别感情能力概述

一、秘书识别感情能力的典型表现

一般来说，识别感情能力较高的秘书能正确把握自己现在的感情，在把握好自己感情的基础上，知道自己下一步应该怎样做。他们能通过上司的表情、举止、态度等，敏锐地察觉到上司在想什么，并根据当时的气氛用恰当的方式与上司沟通。而那些识别感情能力较低的秘书则不能正确把握自己现在是怎样的感情，自己想怎样做就怎么做，比较任性。他们对出现在自己身边的氛围不太敏感，不能识别上司现在是一种什么心情，即使上司明显表现出需要帮助的神情，他们也不会主动帮助上司。所以，他们像油浮在水面一样，总是与周围的人保持一定的心理距离,很难建立融洽的关系。

秘书识别感情能力的典型表现见表2-1。

表2-1 秘书识别感情能力的表现

秘书识别感情能力强的表现	秘书识别感情能力弱的表现
有理想,有清晰的职涯规划	总是不知道自己要做什么
工作积极主动,但从不越位	工作中像颗算盘珠子,上司拨一下动一下
工作效率高,处事理性	工作马虎,而且情绪化
为人热情,乐于帮助他人	为人冷漠,对同事的困难视而不见
谦逊而又自信	过于自傲或自卑,虚荣心极强

二、识别感情能力强的秘书的两大特征

1. 具备强烈的使命感

识别感情能力强的秘书由于对自己的感情有清醒的认识,所以,他们对自己的能力和所处的环境都有清醒的认识,知道自己应该拥有什么样的价值观、使命和梦想,清楚自己要做一个什么样的人。他们明白自己想要做什么,更知道自己适合做什么。因此,当他们选择秘书作为自己的职业后,就把为自己的上司创造最佳的决策环境当作自己的使命。强烈的使命感能使秘书脚踏实地地工作,他们对工作总是精益求精,不推诿不敷衍塞责。缺乏使命感的秘书容易把自己的聪明才智用在与上司"斗智斗勇"上,所以,一些看上去很聪明的秘书,他们在职业发展的道路上反而坎坎坷坷。

小兰是公司总经理秘书。昨天总经理出差了,计划星期六回来,下个星期一早晨上班。早晨上班后,小兰准备打扫总经理办公室,因为按岗位职责要求,秘书必须每天早上把办公室打扫干净。这时,同事小倩便问:"总经理不是出差了,要下星期一才来上班吗?"

"是呀。"小兰回答。

"既然总经理出差了,这几天他办公室没人,有打扫的必要吗?再说,他办公室门窗紧闭,也不会弄脏。"小倩说。

小兰笑笑说:"万一总经理提前回来了呢?"

小倩用不屑的口吻说:"你傻不傻,现实中哪来那么多'万一'?"说着,过来拉小兰,让小兰陪自己下楼取邮件。

"不行!"小兰平静而又坚定地说,"每天打扫总经理办公室是我的职责。"

"真是个死心眼!"小倩悻悻地下楼了。

小兰打开总经理办公室,像平时一样认真地打扫起来。

小倩的看法看上去有几分道理,小兰完全可以在总经理上班之前一次性打扫,这样既不影响总经理工作,又可以节省时间做一些别的事。但是,公司的规章制度呢?既然岗位责任制要求小兰每天打扫总经理的办公室,这就是小兰分内的工作。小兰的这种"自觉"是她强烈的使命感的体现。

小兰的这种强烈的使命感体现了她极强的识别感情能力。"在总经理上班之前一次性打扫,这样既不影响总经理工作,又可以节省时间去做一些别的事"这种想法很有诱惑

力,但小兰识别出这种想法实际上是偷懒,对自己的职业发展极为有害,所以,面对小倩的诱惑和挖苦,小兰能调整自己的感情,雷打不动地履行自己的职责。

具备使命感成为职业秘书的标志。如果秘书把做好分内的工作当作自己的使命,就会把这种使命当作自己的价值尺度,随时用它约束自己的行为,不在乎有没有外在的监督。使命感是对自己负责,是一种尊重自己的感情和价值观的表现。因此,当小兰面对"需不需要每天都给总裁打扫办公室"这个问题时,她的使命感会让她毫不犹豫地选择肯定的回答,因为她认为这是自己分内的工作,是自己必须完成的使命,是对自己的尊重,所以她不会因"总经理不在"而逃避工作,更不会制造"我可以利用这段时间做另外的工作"这类借口欺骗自己。

2. 乐观与自信

人类是一种高级感情动物,人所有的行为都受感情支配,所以,人们的心情左右人们的判断和决策。当人们的心情不错的时候,就习惯从全局和整个过程来看问题,因而它能让人们更容易看到正面积极的东西,让人们变得更加积极乐观。乐观能让人们感觉良好,而这种良好的感觉又像是优质的润滑剂,能使人们保持最佳的工作状态。因此,乐观的人会用更加正面积极的眼光去看待周围的人或者事物,因而他们会变得更加自信,而这种自信又能提高他们的创造力和判断力。

因此,那些识别感情能力高的秘书能自觉地关注自己的感情状态,当他们意识到自己的情绪影响自己的判断力时,他们会自觉地将自己的情绪向积极的方向调整,而这种乐观的态度对他们的工作和职涯规划能产生很大的影响。乐观的态度让他们对自己的未来有积极的期望,由于有这种积极的预期,从而使他们做出正面积极的选择。由于选择更加有计划性和条理性,积极的预期就自然转化为努力工作的动力。一般来说,秘书做出一个正面积极的选择后,会采取相应的积极行动。因此,那些识别感情能力强的秘书都乐观自信。不仅如此,他们还对工作和生活充满了热情,知道光靠自己一个人的力量不能实现目标,需要得到周围人的帮助,所以,他们平时还乐于助人,给周围的人以积极的鼓励。这样,周围的人自然而然地信赖他们,乐于与他们交往。

小静休完产假第一天上班。

"小静,我已安排好了,公司专门成立个档案室,你去负责档案管理。"老总说。

"让我负责档案管理?"小静感到有些意外。

"是的。"老总说,"档案工作的压力毕竟小一些,方便你照顾小孩和家庭。"

小静原是公司总经理秘书。她在这个位置上已经做了整整7年。从公司成立的那天起,她就是总经理的秘书。那时,她还是个稚气未脱的大学生,严格地讲那时公司还不能称为"公司",它还没有完成注册,包括总经理在内也只有5名员工。经历了7年的风风雨雨,公司现在员工超过300人,在行业内有相当的知名度。在她休产假期间,她的位置已被一个比她年轻得多的女孩代替了。小静知道老总让自己去负责公司的档案管理,是对自己的格外关照。

"谢谢老板!"小静说,"不过,我希望去做销售。我不是说档案工作不重要,而是觉得这种工作与自己的兴趣和经验有些差距。"

小静的要求既出乎老总的意料之外,又觉得是在情理之中。对这个跟随自己多年的助手,老总非常了解。

"小静,我知道你的性格和追求。但是,你想过销售工作会给你带来什么样的压力吗?"老总问。

小静笑笑说:"这些我想过了,我有信心。"

总经理也不再多说,他知道小静是个非常乐观自信的人。

年过三十,在一般人眼中已不再年轻的小静,为什么还这么乐观自信?答案就是:来自她长期秘书工作的历练,来自她在秘书工作中修炼的情商。她了解自己的感情将如何影响自己在工作中的表现。她身上这种"自信人生三百年"的乐观和自信,能帮助她不断地挑战自我,超越自我。

三、秘书提高识别感情能力的意义

1. 让自己的行为更加理性

秘书部门多是企业的运营枢纽,秘书每天都与企业内外的人打交道,因而经常处于各种人际关系漩涡的中央。秘书经常被看做企业领导人的代言人,因此,他们无意说的话或做的事,有可能被认为是上司的旨意,还有可能被无限放大,产生意外的影响。正因为秘书处于这样一个关键而又敏感的位置,所以,他们的言行不仅影响自己的工作和生活,而且对上司及企业的影响也很大。因此,现实越来越需要秘书的行为更加理智,以避免个人行为给上司及企业造成负面影响。秘书要想让自己的行为变得更加理智,就要随时了解自己的感情状态,在思考问题采取行动之前掌握更多感情中包含的客观信息,所以,提高识别感情的能力能让秘书的行为变得更加理智。

小倩从英国大学毕业后通过关系进了家大型国企总裁办当秘书。一天上午11点左右,她正在整理资料,总裁助理进来对她说,下午2点总裁有几位重要的客人来访,让小倩通知行政部门的人准备客人喜欢喝的铁观音茶。小倩打电话没人接,便去行政部通知。当时行政部没有人,她便在负责接待的人的座位上留了一张纸条,回来之后继续整理资料。下午4点客人走后,总裁把助理臭骂了一顿,问他为什么不给客人准备铁观音茶;助理被训完后就来训小倩。小倩回答说她已经通知到,助理问她:"既然负责泡茶的不在,你为什么就不能自己去给客人买铁观音茶?"小倩脱口而出:"我是秘书,不是买茶叶的!"这句话被传到总裁那里,她立刻就被炒鱿鱼了。假如她理智一点,用另一种方式与总裁助理沟通,就会出现完全不同的结局。

2. 与上司相处更和谐

正确地识别感情是情商发挥作用的前提。只有了解了自己和对方的感情目前处于什么样的状态,才能根据双方的感情需求采取恰当的行动。因此,秘书了解自己和上司的感情状态,对做好秘书工作,与上司和谐相处非常重要。现实中不少秘书与上司之间的关系不和谐,原因就是秘书没有注意到上司的感情状态,因而使双方产生了误解。

龙军刚收到财务部送来的季度财务报告,总经理一直在等这份报告。龙军一看报告,知道这个季度亏损了500多万元。当龙军拿着这份报告来到上司的办公室时,只见总经理正在压低声音打电话。龙军侧耳一听,原来上司正在向董事长解释这个季度为什么亏损。看着上司狼狈不堪的样子,龙军知道上司受到了董事长的严厉批评,于是他开始思考,现在要不要马上向上司汇报?在上司心情不好时把这份财务报告交给他,自己会不会成为他的出气筒?由于上司之前一直在催这份报告,所以,龙军决定在上司打完电话之后就把报告交给他。但是,在把报告递给上司之前,先告诉他一些好消息,而且在把报告递给他时,提醒自己注意说话的方式。

3. 更好地协助上司的工作

秘书只有随时关注和识别上司的感情,才能恰到好处地协助上司的工作。如果秘书能了解上司的感情状态,知道上司在想什么和准备做什么,工作就有提前量了。秘书掌握了工作的主动权,就能产生极大的成就感,这样,秘书就能找到工作的乐趣,秘书工作就不再是件苦差事了。有些秘书总觉得自己的工作是"打杂",产生不了成就感,就是因为他们不了解上司的感情状态,不能提前知道上司对自己的工作有什么需求,工作总是处于被动状态,看不到自己工作的意义,找不到工作的乐趣。

早晨老板进办公室时,助理洪莉跟他打招呼:"老板早上好。"老板不仅没有像往常一样回应洪莉,而且头也没抬就进了自己的办公室。洪莉的老板平易近人,有时早晨上班下属还没看见他,他就主动跟下属们打招呼。看着老板关门时的背影,洪莉知道老板为什么心情不好。为了一个重要项目,公司对政府某部门做了大量公关工作,耗费了不少的人力和物力。头一天晚上老板亲自请客,饭店就是洪莉订的。今天一看老板心情不好,洪莉就知道老板昨晚没把"关"攻下来。平时洪莉都是按老板的习惯给他冲杯速溶咖啡,今天,洪莉破例给老板沏了一杯龙井茶。当她把茶递给老板时,她看老板的眼神,就知道今天上午他不想见任何人。洪莉理解老板需要一个人静静地想一想。回到自己的座位上后,洪莉调整了老板的工作日程,取消了一切约会。不到10点,销售部经理马涛急着要见老板,因为公司最大的客户马上就要与公司的对手签合同了。如果合同签下来,公司全年的销售额就要减少一成以上。对手走的是上层路线,他这个销售经理无能为力,所以急着找老板商议对策。当马涛路过洪莉的座位时,被洪莉拦住了。马涛很生气,说误了事让洪莉负责。当洪莉问清了原因后,让马涛先回办公室等她电话。后来马涛陪老板出差谈起这件事,老板一听马上说洪莉拦得好。老板笑着说:"当时只要你进了我的办公室,即使没事我也会找事训你一顿,因为我当时有一肚子火没地方发泄。如果你再汇报公司最大的客户跑了,那你这个销售经理也当到头了!"

第二节 秘书自我认识的能力

秘书要真正认识自己,就要了解自己真实的感情。在人们的感情中最主要的"成分"是动机。所以,秘书必须对"动机"有一定的了解。

一、动机的一般概念

1. 动机的含义与意义

动机是引起人们行动,维持并促使行动朝向某一目标进行的内部动力,它在人们的行为中起着十分重要的作用。动机就像一台发动机，让人们由静止状态转向行动状态，推动人们从事各种活动。比如，当秘书发觉上司对自己的写作能力不满意，就会产生强烈的提高愿望，想方设法提高自己的写作能力。

动机对人们的行动具有以下几种意义：①引发功能。人们的各种各样的行动总是由一定的动机引起的，没有动机也就没有行动。动机是行动的原动力，它对行动起始动作用。一些秘书之所以觉得工作枯燥乏味，就是因为缺乏"动机"，无法点燃他们的工作热情。②指引功能。动机像指南针一样指引人们行动的方向，它使行动朝着预定的目标前进。一些秘书经常跳槽，或者经常换工作，主要原因是他们缺乏"动机"指引，没有明确的职业目标。③激励功能。动机对行动具有维持和加强作用，强化行动以达到目的。不同性质和强度的动机，对行动的激励作用是不同的。高尚的动机比低级的动机更具有激励作用，动机强比动机弱具有更大的激励作用。一些秘书在工作中遇到挫折或上司的误解之后，就心灰意冷，其实是工作的动机不强造成的，不会自我激励。

2．动机与需要

动机是在需要的基础上产生的。当人的某种需要没有得到满足时，它会推动人寻找满足需要的对象，从而产生行动的动机。比如，周娜在年终总结中，发现不少同事对自己作为总经理秘书有意见，主要表现在无形的优越感上，这种无形的优越感破坏了自己与同事们的人际关系。她意识到这一点之后，下决心搞好自己的人际关系。但这还不是她行动的动机。与同事们和谐的人际关系，不能只靠"想"解决。当需要推动人们行动，并把行动引向某一目标时，需要就成为人的动机。为了重新获得同事们的信任，周娜不仅更加注意协助同事们的工作，而且注意与同事们沟通的方式。这时，她的需要就成为她行动的动机了。需要是激发人们进行各种行动的内部动力。

需要是人们内心感情的一种不平衡状态，它表现人们内心的一种稳定的要求，并成为人们行动的源泉。比如，2年前，总经理秘书武军在竞聘市场部经理一职时输给了同事。他输给同事的原因是他学历不如对方，对方有MBA学历，而武军的学历是本科。自那以后，武军开始读在职MBA。他这次竞聘总经理办公室主任一职如愿以偿。在他的这种需要得到满足后，他心中的不平衡状态暂时得以消除。当他内心出现新的不平衡时，他新的需要又会产生。

需要是由人们对某种客观事物的要求引起的。这种要求可能来自人的内心，也可能来自人们所处的环境。比如，公司总经理办公室秘书刘婕希望改行做人力资源，利用业余时间学习人力资源的相关课程。她的这种需要是由内心的要求引起的。又比如，公司总经理助理宋钧在得知公司准备与外企合资后，就判断新的公司将会对自己的英语口语水平有更高的要求，于是，她参加了一个业余英语学习班，以改变自己的"哑巴英语"状态。她的这种需要是由外部要求引起的。当人们感受到这些要求，并引起自己内心的不平衡状态时，要求就转化为某种需要。人们的需要总是指向能满足某种需要的事件，即追求某种事件，并从事件中得到满足。

需要是人们行动的基本动力，是人们行为动力的重要源泉。秘书每天所做的各种工作，从帮上司接待客人，到为上司起草文件，实际上都是在需要的推动下进行的。

美国著名的心理学家马斯洛认为，人的需要由5个等级构成：①生理的需要，即人们对食物、水、空气、睡眠、性的需要等。它们在人们的所有需要中是最重要、最基础的。②安全需要,表现为人们要求稳定、安全、受到保护、有秩序,能免除恐惧和焦虑等。例如,人们希望得到一份较安定的职业,愿意参加各种保险,这些都表现了他们的安全需要。③归属与爱的需要。一个人要求与其他人建立感情的联系或关系,如结交朋友、追求爱情、参加一个团体并在其中获得某种地位,这是归属与爱的需要。④尊重的需要,包括自尊和希望受到别人的尊重。自尊需要的满足会使人相信自己的力量和价值,使其在生活中变得更有能力,更富有创造性。相反,缺乏自尊会使人感到自卑,没有足够的信心处理面临的问题。⑤自我实现的需要。人们追求实现自己的能力或潜能,并使之完善化。在职场上秘书与上司的自我实现是不一样的,但他们都有机会完善自己的能力,满足自我实现的需要。

马斯洛认为,这5种需要都是人的最基本的需要。这些需要是与生俱来的,它们构成了不同的等级,成为激励和指引人们行为的力量。人们需要的层次越低,它的力量越强,潜力越大。随着需要层次的上升,需要的力量相应减弱。在高级需要出现之前,必须先满足低级需要。只有在低级需要得到满足或部分得到满足以后,高级需要才有可能出现。比如,当一个文秘专业的学生毕业后没找到工作,需要解决自己的生活费和房租时,他是不会追求成就感这种需要的。但是,当他在生理需要和安全需要得到满足后,并不一定会产生更高级的需要,只有当他们到达一定的职位和积累一定的资源后,自我实现的需要才会产生。

人们的低级需要直接关系人们的生存,因而也叫缺失需要。当这种需要得不到满足时,将直接危及人们的生命;高级需要不是维持人们生存所绝对必需的,因此,这种需要的满足可以稍作延迟。秘书的高级需要与秘书的职位及工作环境有很大关系。如果秘书通过自己的努力工作,获得了上司的信赖和同事们的尊重,那么他工作起来会更快乐,心身更加健康。因此,高级需要也叫生长需要。高级需要比低级需要复杂,因此,满足秘书的高级需要必须具备较好的外部条件,如上司的信赖、与同事有和谐的人际关系。

3. 动机与目标

动机必须有目标,目标引导人们行为的方向,并且提供原动力。人们对目标的认识,由外部的诱因变成内部的需要,进而成为行为的动力,并推动行为。比如,公司行政总监这个职位对于公司总经理秘书王宏来说是一个诱因,他在公司现在的行政总监吴斌(即将退休)的帮助下对公司行政总监这个职位有了新的认识,进而产生了争取做公司行政总监的愿望,这种愿望就是王宏行为的原动力。对于大多数人来说,目标最初可能不是一个完善的系统,但是随着经验的积累,目标会逐渐丰富、完善起来,有时也可能发生改变。

目标是人们努力要达到的具体成绩标准或结果,是人们期望的未来状态。比如,几乎所有的秘书都希望能得到上司的信赖。那些能够满足秘书需要的目标具有很大的正能量,会促使秘书为之努力奋斗。秘书与自己树立的目标的心理距离越近,目标产生的动机力量就越大,就能吸引秘书努力奋斗以达到该目标。

秘书在实际工作中会树立各种各样的目标,从动机的作用看可以分为以下几种。

(1)明确的目标与模糊的目标。明确的目标是指有具体要求或成绩标准的目标,比如,打字每分钟不低于120字。模糊的目标是指那些评价指标不明确、要求比较含糊的目标。比如，与办公室的同事保持和谐的关系。一般说来，具体明确的目标比模糊目标具有更大的激励作用。

（2）短期目标与长期目标。根据实现目标所需时间的长短，目标可分为长期目标和短期目标。长期目标是指那些需要较长时间才能完成的目标，比如，一名刚从学校毕业到公司做文秘的新人，立志用10年时间获得公司行政总监的职位。短期目标则是指那些完成期限较短的目标，比如，打算用2个小时完成筹备会所需的所有文件。短期目标可以给秘书提供及时的要求，给秘书一种压力感和被控制感。相对而言，长期目标无法对秘书的努力和进步情况提供及时的要求，不利于维持秘书完成任务的自信心。

（3）不同难度的目标。根据目标的难度水平，目标可分为难的、中等的和容易的。即使在同一个办公室工作，大家都是普通的秘书（相对于总经理秘书等专职秘书而言），相同的目标对不同秘书的难度可能是不同的。比如，同样是给总经理起草讲话稿，有的秘书觉得很容易，有的秘书感到很困难。这主要取决于秘书的能力和经验。

秘书为自己设立什么样的目标，影响秘书在工作中的注意力分配、努力程度、坚持性水平和任务策略的运用。目标的确立不仅为秘书提出未来需要达到的行动水平，而且决定秘书的努力方向和在工作中的注意力分配情况。目标的设置情况直接影响着秘书在工作中的努力程度。一般说来，秘书对困难的目标会付出较多的努力。在没有时间限制的情况下，秘书在工作中的意志受到所设置目标的难度水平和明确性的制约。在秘书工作能力允许的范围内，目标水平越高，意志就越强。

人们的动机与行为之间的关系是十分复杂的。同一种行为可能有不同的动机，即各种不同的动机通过同一种行为表现出来；不同的行动也可能有同一种或相似的动机。比如，在同一个办公室中，秘书的工作动机可能是各种各样的，有的秘书希望自己的职业发展路线是纵向的，即从普通秘书做到助理，再到部门经理，甚至做到总监；有的秘书则希望横向发展，一有机会就去做人力资源、公关等，秘书只是他们职业发展道路上的一块跳板；有的秘书没有明确的动机，上班只是为了混日子。这些不同的动机都表现在同一种工作中。工作动机不同，工作效果也会不一样。另外，同一种动机，也可以产生不同的行为。比如，几个秘书为了争同一个"肥缺"，有的到上司那里去打竞争对手的小报告，有的光明正大地向上司提出申请。

在同一个人身上，行为的动机也是多种多样的，其中有些动机占主导地位，称主导动机；有些动机处于从属地位，称从属动机。比如，一个秘书的主导工作动机是真心实意地协助上司做好决策工作，以利于公司快速而又健康发展；同时也希望通过自己的努力让上司为自己晋职加薪，这些动机则处于从属的地位。主导动机和从属动机的结合，组成人们的动机体系，推动人们的行为。所以，秘书的工作往往不是受单一动机的驱使，而是由动机体系推动的。

一般来说，良好的动机应产生良好的行为效果；反之，不良的动机则会产生不良的行为效果，这就是动机与效果的统一。但是，在实际工作中，秘书的动机与工作效果不统一的情况时有发生，这就是人们常说的"秘书的好心被上司当作驴肝肺"。比如，患有高血压的上司在招待客户时与对方拼酒。秘书觉得这么"斗"下去会很危险，便大声对上司说："老板，您不能再喝了！"对秘书的这种忠告，老板大怒："你是老板还是我是老板？"秘书的动机无可非议,但由于不注意说话方式,产生了不良效果。

由于动机与行为的关系异常复杂,所以,秘书只有了解上司的动机,才能比较准确地理解上司的行为,并对上司的行为做出比较准确的预测,从而提前做好相应的准备工作。

4. 动机与价值观

价值观是指一个人对周围的客观事物(包括人、事、物)的意义、重要性的总评价和总看法,它是一个人思想意识的核心,对人们的思想和行为具有导向或调节作用。符合价值观标准的事物和行为被认为是有价值的,否则被认为是没有价值的。价值观直接影响人们对各种观念、事物和行为的判断,使人们发现事物对自己的意义,确定自己奋斗的目标,并按照自己认为有价值的事情或目标去做。人们把目标的价值看得越高,由目标激发的动机就越强,在行动中发挥的力量就越大。相反,人们认为目标的价值越小,由此激发的力量就小。也就是说,动机是人们行为调节系统的一个组成部分,其中价值观起着核心的作用。价值观决定动机的性质、方向和强度。比如,一个秘书认识到了秘书工作对上司和企业的意义,就会产生做好本职工作的强烈使命感,在工作中会精益求精,否则就会敷衍了事,做一天和尚撞一天钟。

价值观是人们在生活实践中逐渐形成的,一旦形成就相当稳定,人们会自觉不自觉地以自己的价值观判断事物的意义。事物是客观存在的,由于价值观不同,人们对事物的认识会有很大的差异;价值观也会影响人对事物的需要,进而影响其对行为的调节。

人们的价值观可分为基本价值观与核心价值观两种。基本价值观是人们普遍要遵守的行为标准,而核心价值观是指引个人职业发展或生活方式的行为标准。对于秘书来说,其基本价值观也就是公司所有员工都要拥有的价值观,如尊重他人、为人正直、诚实、遵守法律。当然,随着社会的进步,秘书的基本价值观也会发生变化。秘书的核心价值观是指引秘书职业发展的行为标准,是秘书这种职业独有的或特别重视的价值观,如保守秘密、忍耐。需要指出的是,"诚实"既属于秘书基本价值观的范畴,也属于秘书核心价值观的范畴。虽然职场上所有的人都需要诚实,但对秘书诚实的要求特别高。绝大多数上司能容忍秘书犯各种错误,唯独无法容忍秘书不诚实。

5. 动机与意志

动机与意志这两个概念既有区别又有密切联系。意志是有意识地支配、调节行为,通过克服困难,实现预定目标的感情运动过程。意志具有引发行为的动机作用,它是自觉的、有目的的行为。比如,秘书为了按时完成上司交办的起草董事会所有文件的任务,加班加点,通宵达旦,甚至到了废寝忘食的地步,这就是意志。意志是和克服困难相联系的,只有在克服困难的过程中,才能体现意志的力量。

二、人的社会性动机

人的动机可分为生理性动机与社会性动机。生理性动机也可称为基本动机,它是为了维持生命所必须满足的动机,以人们自身的生物学需要为基础,如饥渴、缺氧、疼痛、性欲、睡眠、排泄都是生理性动机。生理性动机推动人们行动,以满足某种生物学需要。当这种生理的需要得到满足时,生理性动机便趋于下降。

在情商学中主要探讨人们的社会性动机。社会性动机是以人的社会文化需要为基础的。人们有权力的需要、社会交往的需要、成就的需要、认识的需要等,因而产生了相应的权力动机、交往动机、成就动机、认识性动机和学习动机等。这些动机推动人们与他人交往,希望获得社会和他人的赞许,希望参与某种社会团体,并能在其中获得某种地位等,当这些社会性需要获得满足时,社会性动机才会缓解下来。

1. 兴趣

兴趣是人们探究某种事物或从事某种行动的感情运动,它以认识或探索外界的需要为基础,是推动人们认识事物、探求真理的重要动机。人们对有兴趣的东西会表现出巨大的积极性,并且产生积极的感情体验。比如,秘书对公文写作有兴趣,就会努力地练习写作;有的秘书对档案管理不感兴趣,觉得枯燥乏味,就会对它敬而远之。

当兴趣是某种行动时,这种动机叫爱好,如一些人对体育、绘画、书法行动的爱好。兴趣与爱好和人们的积极的感情体验联系在一起。当人们兴趣盎然地进行某种行动、获得某种认识时,他们常常体验到快乐等积极的感情。

兴趣可以分为直接兴趣和间接兴趣两种。直接兴趣是由认识事物本身的需要所引起的,如对电影、小说的兴趣。间接兴趣是由认识事物的目的和结果所引起的,它和当前认识的对象只有间接的关系,比如,秘书在帮上司打扫整理办公室的过程中,可能对繁重的体力劳动没有兴趣,但对通过打扫整理让上司的办公室保持干净整洁这个结果有兴趣,这种兴趣就是间接兴趣。

2. 成就动机

成就动机是人们希望从事对自己有重要意义的、有一定困难的、有挑战性的行动,在行动中能取得优异结果和成绩,并能超过他人的动机。比如,一个秘书希望自己的文章写得漂亮,成为公司的"笔杆子",从而获得老板的信任和倚重,使其他同事无法取代自己。成就动机强烈的人在行动中有高标准,他们愿意承担有竞争性的工作,即使对它没有特别的兴趣,也能尽力把它做好。

成就动机对秘书工作有重要的作用。如果两个秘书的能力大体相同,成就动机高的秘书比成就动机低的秘书在工作中表现得优异的可能性要高一些。成就动机低的秘书往往愿意选择风险较小没有挑战性的工作,而成就动机高的秘书往往喜欢从事一些富于开创性的工作。

3. 权力动机

权力动机是指人们具有的某种支配和影响他人以及周围环境的内在动力。在权力动机的支配下,人们往往表现出积极主动的参与精神,并产生成为某一群体的领导者的愿望。高权力动机者经常表现为对公共事物有浓厚的兴趣,在讨论问题时总是试图以自己的观点、看法去说服别人,在群体中希望处于领导地位,在日常生活中表现得比较健谈、好争论。

从目标来看,人们的权力动机可以分为社会化权力动机和个人化权力动机。具有社会化权力动机的人寻求权力是为了他人。他们在行为上表现为关心社会,关心他人,以个人的知识、观念等方式影响他人,希望对社会做出有益的贡献。具有个人化权力动机的人寻求权力是为了满足个人的私欲或利益。他们热心公共事务,目的是利用这些行动表现自己,树立个人威望或满足某种私欲。同时,他们热衷于追求权力、地位,目的也是得到某种个人的利益。还有的人表现为追求物质财富,通过各种手段聚集财富,希望以丰厚的物质财富提高自己的社会地位,从而达到影响和控制他人的目的。

对于秘书来说,不仅不能有个人化权力动机,而且社会化权力动机也不能太强。这一点是由秘书工作的性质决定的。秘书的职责是"协助"上司处理日常"杂务",因此,秘书在工作上毫无"权力"可言。但是,由于秘书经常代理上司行使各种权力,所以容易使一些秘书产生错觉,以为上司的权力就是自己的权力,因而权力动机越来越强。由于有极强的权力动机,一些秘书会为了满足个人的私欲,在工作中热衷于表现自己。即使是秘书的社会化动机也应收敛,因为这容易给外人造成喧宾夺主的印象,让上司不高兴甚至忌妒。

4. 交往动机

交往动机是在交往需要的基础上发展起来的,是一种重要的社会性动机。交往需要表现为每个人都愿意归属于某个团体,喜欢与人来往,希望得到别人的关心、友谊、支持、合作与赞赏。这种需要促使人们结交朋友,寻找支持,参加某个团体并在其中行动,因而成为交往的动机。当这种动机促使人们满足了交往的需要时,人们会感到安全、有依靠,增加生活和行动的勇气;反之,人们会因孤独、寂寞而产生焦虑和痛苦。

秘书增加与同事的交往,可以分享彼此的资源,因而有利于建构和维持人际关系,而这种关系有利于秘书提高工作效率和长期的职业发展。比如,总经理秘书增加与各部门经理的交往,建立个人友谊,这既可以收集更多在汇报材料上没有的信息,为上司的决策创造更好的条件,也有利于上司的决策在各部门的执行和落实。但是,应掌握好分寸,切忌给人拉帮结派的印象。

第三节 识别感情的方法

一、识别自己感情的方法

如何了解自己现在的心情,也许有些秘书会认为这是一个多余的问题,因为他们会认为知道自己现在的心情并不是一件很难的事。自己现在的心情是愤怒,是高兴,还是悲伤,是很容易判断的。然而,人的感情非常复杂,经常是"五味杂陈"或"爱恨交加"。事实上,很多秘书并不了解自己当时的心情,至少有时不了解自己的心情。但是,在关键的时刻秘书必须了解自己的感情,更为重要的是,秘书不仅要注意自己各种各样的感情,而且要能积极地处理好各种感情中所包含的信息。

"我现在累了吗?""我现在是高兴还是悲伤?"……秘书在回答这些问题时,实际上就是了解自己感情的过程。这种经常有意识地识别自己感情的能力,是构成秘书情商能力不可或缺的基础。

1. 经常进行内省

人们认识自己的感情,主要是通过内省的形式完成的。内省是在自己的内心确认自己的感情和思想的状态。孔子说"吾日三省吾身",实际上就是在告诫人们应该经常对自己的感情进行内省。

内省是人们有意识地观察和注意自己的感情和行为,利用注意力发现自己内心那些平时很容易被忽视的地方,使自己的内心越来越透明。内心越透明,人们就越容易认清自己感情的本质。

秘书在内省过程中,由于注意力的作用,其视角可能一下子就改变了,从而让自己从困顿中解脱出来。也许通过内省,秘书会突然发现,自己的思维原来被很多桎梏禁锢了,摆脱这些桎梏,让自己的思维有了更大的行动空间;也许通过内省,秘书会发现自己与某个同事的关系之所以很别扭,是自己对他抱有成见造成的,于是立即消除成见,使双方的关系和好如初。也许通过内省,秘书会发现困扰自己已久的"××工作太难了"的说法是庸人自扰,心情马上变得轻松起来……如果秘书不懂得内省,会很难准确地识别自己的感情。秘书每次完成内省之后,最好把自己的感情变化的经过记录下来,以便自己随时检查分析。

2. 集中注意力进行内省

人们要对自己进行内省,就要集中注意力,使自己的注意力聚焦,让注意力像探照灯一样在自己的内心世界自由地扫射。如果你能做到这一点,那你就能真正认清自己的感情,从而改变和提升自己。

人们要想真正认清自己的感情,就要摆脱感情本身对认识的束缚,开阔自己的视野,在一个更高的视角和更大的范围内全面地审视自己。让自己的注意力从感情中超脱出来,这是人们进行内省的前提条件。只有这样,才能真正做到内省。

由于工作疏忽,宋姣在为上司写的总结报告中,点错了一个小数点,上司在念报告时也没注意,把"销售额增长 17.89%"念成了"销售额增长 178.9%"。与会者知道是口误,一笑了之,事后上司也没追究这件事,但宋姣认为自己给上司的工作造成了很大的负面影响,很长一段时间无法从自责的痛苦之中挣脱出来,无论做什么,注意力总有一部分集中在这个失误上。一个周末,她决定一个人到郊外放松。在郊外森林中的一条小溪边,她突然感到自己的心扉一下子被打开了,自己从感情中超脱出来,失误的痛苦烟消云散。

宋姣是通过郊游变换地点使注意力从自己感情中超脱出来的。当然,让注意力从自己感情中超脱出来,并不一定非要去郊游,静坐冥想也可以。当人们准备内省时需要先知道自己的注意力在哪里。比如,一些秘书在听上司作指示时总觉得上司是老生常谈,于是表面上装作认真听上司的指示,头脑里却想着下班与朋友约会的事,这就是注意力不集中的表现。当人们想让自己的注意力关注自己内心世界的哪个部分时,它就能关注哪个部分,就可以随时了解自己的感情状态。

一个人独处静坐冥想也是练习集中注意力的好方法,每日进行静坐冥想的练习可以起到管理和稳定注意力的作用。秘书最好每天能够抽出专门的时间静坐练习,以便加深对自己感情状况的认识。独处,就意味着把注意力全部交给自己,而不是给外人和其他事情。如果秘书每天在工作之余都能抽出一定的时间静坐冥想,观察自己的感情状态,就能真正看清楚自己内心世界的各种感情。

3. 内省与反省之间的关系

与"内省"意思相近的是"反省"。反省是指人们在内心检查自己感情和思想的状态,找出它们不适合的地方。反省和内省一样,也是一种自我认识的方式,但它们之间有一定的区别。首先,反省往往是从非常态考虑问题。只有当人们做错事或者出现问题之后,人们才会静下来"反省",找出自己犯错误的原因,然后再去改正错误或缺点;而内省则是人们经常性地发现自己现在存在的缺点和不足,在出现问题或者还未出现问题时,发现自己的不足,并主动自觉地改变。

内省与反省的区别就像一条面临洪水威胁的河堤,内省是人们经常在河堤上巡逻,随时了解河堤的安全状况,发现险情及时排除;而反省则是在排除了河堤发生的危险之后,分析河堤发生危险的原因,找出对策以免再发生类似的危险。内省和反省对秘书认识自己的感情非常重要。识别自己的感情是情商的一个重要功能。但它必须是自觉的而不是被动或强迫的。

如果秘书想对自己有更深入的了解,就要能理解自己现在是一种什么样的感觉,并能准确地说出自己的心情。也就是说,当秘书在判断自己现在是一种什么样的心情时,已经自觉地意识到自己的感情正在出现什么样的变化。比如,秘书把给上司写的讲话稿递给上司,上司看过之后说写作水平还需要提高。秘书看到上司不满意,就知道自己写作水平很差。得到这个信息后,他就会下决心加强写作练习,提高写作能力。

4. 秘书自我认识的最大偏差

秘书自我认识的最大偏差表现在其具有的优越感。由于秘书经常代替上司行使职权,往往使一些秘书不能正确认识自己,以为自己和上司一样拥有实权,因而自我感觉良好,表现出很强的优越感。一些秘书经常喜欢问那些找他们办事的人:"你找我有什么事吗?"这种问法是秘书优越感最典型的表现。表面上是很礼貌,实际上是一种从骨子里表现出来的冷漠。它让对方觉得自己地位低下,还没进门,就要接受盘问。秘书一定要对自己的身份有清醒的认识,上司分管的工作不是自己分管的工作,上司的部下不是自己的部下,秘书没有任何权力,仅仅是执行上司的指令。因此,秘书在跟各方面打交道时千万不能用上司的口吻说话,否则,这种优越感最终会使自己遭遇"四面楚歌"的困境。

二、识别他人感情的方法

秘书应具备良好的识别他人感情的能力,这对做好秘书工作大有好处。比如,秘书在接待不速之客时,客人一进门就能从对方的表情和打扮上判断出对方的身份来意,从而采取相应的接待方式。一些秘书由于不能正确识别周围的人的感情,因而对其他人的情感变化熟视无睹,他们很容易给其他人以冷漠孤傲的印象,这种外冷内热的性格经常在无形之中破坏了自己与其他人的关系。

要识别他人的感情,人们通常有两种方法:①读懂对方的面部表情;②听出对方的言下之意。

1. 读懂对方的面部表情

读懂他人的面部表情,是识别他人感情的核心能力。这种能力对保持双方和谐的关系至关重要。每个人的感情都有自己的信号传递系统,在感情的信号中包含重要信息。如果秘书不能正确解读对方的这些信号,会对秘书的人际关系产生严重的负面影响。比如,刘敏的同事汪娜因挨了上司的错误批评而憋屈。那么,汪娜现在是否已经平静下来?刘敏只有知道了这一点才能以适当的方式与汪娜沟通。判断汪娜是否平静下来,刘敏只能从她的面部表情找线索。

2. 听出对方的言下之意

对于秘书来说,准确识别周围的人的感情并不是一件容易的事,因为人有时为了某种需要人们会掩饰自己的感情。比如,有的来访客人看上去是在"笑",但实际上是"似笑非笑",或者叫"皮笑肉不笑",并没有表现出他真实的感情。

有很多秘书平时不太注意自己的感情,有时候也会掩饰自己的真实感情,用一些微妙的信号表达自己的感情,那些正直和爽快的秘书有时也会这么做。由于他们不愿意清晰地表达自己的感情信息,所以会用一些含有"言下之意"的语言,这很容易让其他人产生误解。

言下之意就是人们的语言在传递第一层基本信息之外的第二层含义,它传递的是说话人的态度和感情。言下之意大部分是通过语调、音高和修饰语传递的。因为言下之意基本上是拐弯抹角的,所以秘书在沟通过程中,特别是在与上司沟通的过程中,一定要仔细倾听他的语调和音高。如果上司的话里有言下之意而秘书没有注意到,最后秘书少不了挨批评,影响上司对自己的信赖。

一般来说,领导者社会经验丰富,他们在批评秘书时都注意给秘书面子,不会直接点破,经常会用言下之意表达自己对秘书的不满或责备。所以,上司的一些言下之意实际上起警告作用。比如,李明工作出了差错,职能部门的人来告状,上司听完后对李明说"这次就算了"。表面上是上司不再追究李明的责任,但它实际上是在警告李明:"如果你再犯这种错误,我将严惩不贷!"如果李明听不出"这次就算了"这句话的言下之意,真以为自己没事了,不注意吸取教训,就有可能重蹈覆辙,最后让上司"严惩不贷"。

有时上司的一些难言之隐也会以一种言下之意表达出来,这需要秘书在与上司沟通时更加用心。比如,这天下午市场部经理王坚跟小王和小于以及助理小冯正在讨论一个策划方案,这时王坚接到一家广告公司老总打来的电话,对方说年底快到了,约王坚过去一起"聚聚"。王坚马上说自己正好有事找对方。放下电话,王坚说:"小王、小于和我一起去。"接着他又对小冯说:"小冯,你要是晚上没事,跟我们一起去吧。"小冯去年才大学毕业,是个快乐的单身汉,他知道这种"聚聚"少不了喝酒唱歌热闹一番,所以他马上说"好"。但是,他没发现王坚的脸上显得不高兴了。王坚之所以不高兴,是因为他怪小冯"不知趣"。王坚在说了"小王、小于和我一起去"之后才邀小冯一起去,显然是有意将他与小王、小于做了区别,因为有些业务上的事要深谈,他一个新人在旁边不合适。之所以发出邀请,是出于面子。由于小冯没有听出上司的这番言外之意,才导致上司不高兴,怪他"不知趣"。

三、正确地表达自己的感情

在人们的感情中都包含着丰富的信息,所以,人们不仅要能正确地解读这些信息,而且要能准确地将自己的感情信息发送出去,让周围的人准确地接收自己传达的信息。他们只有正确地接收了这些信息,才有可能正确地理解你,才有可能在你需要帮助的时候帮助你。但是,现实中有很多秘书让周围的人"看不懂",他们发送的信号要么含混不清,要么没有表达自己的真实感情。那些不能准确地表达自己感情的秘书,在他们需要帮助时就很难得到帮助。一些秘书不能正确地表达自己的感情,实际是沟通能力不强。沟通能力不强,必然会影响自己与周围人的关系。

　　小朗是公司总经理的秘书。3年前她大学一毕业就来公司给总经理当秘书。她非常敬重自己的上司。她的上司白手起家,去年刚满30岁,身价早已过亿,正在读在职MBA。当地生意场上的风气很不好,他很少让小朗陪他应酬,而且他自己也不出去拈花惹草。正是由于这些原因,小朗很珍惜自己的这份工作。小朗平时工作积极主动,上司对她的工作很满意。他俩在工作中配合很默契。空闲的时候经常聊聊天,家长里短的,有时小朗觉得他们不像是上下级关系,更像是朋友关系。有天晚上,上司突然发短信给小朗说自己喜欢她,并暗示如果小朗愿意与他"相好",可以给小朗房子和车子。面对这份突如其来的感情,小朗有些不知所措。小朗清楚这份感情不适合自己,因为她已有深爱的男友,而上司也是有家室的人。问题是应该如何拒绝上司的这份感情?小朗犹豫着,如果回短信痛骂上司"不要脸",自己会马上失去这份喜爱的工作,即使上司不炒她鱿鱼,她也不好意思再做下去。如果小朗用"不要这样"等暧昧的语言回复上司,反而会使他想入非非。最后,小朗决定这样回复上司:"我明天上午来公司办理辞职手续!"当天晚上小朗就写好了辞职报告,第二天一上班准备取回自己的东西回家。当她到办公室一看,上司不在,只留了张纸条给小朗,说他出差了,并交办了几件事。几天后上司回来了,小朗也冷静了不少,但是她还是打算辞职。上司接过小朗的辞职报告后只扫了一眼,就说:"现在有客户在外面等着,马上陪我去接待客人。"从上司的表情看,"短信"事件似乎从没发生过。小朗知道,这是自己回复短信的结果。自己在短信中只提"辞职",并没有痛骂上司,这样既没有把双方的关系闹僵,又表明了自己的态度。因此,当上司让她陪自己去见客人时,她也很从容,好像"短信"事件从没发生过。

　　在人际交往中,虽然语言传递的信号是主要的信息来源,但双方的声调、动作手势、态度、表情等肢体语言也都在传递信息。这些肢体语言所传递的信息加强了语言所传递信息的力度,从而使这些信息变得更加准确。因此,秘书在表达自己感情的时候,一定要考虑当时的语境,即沟通时的氛围。语境分为低语境和高语境。低语境主要依靠含义明确的语言传达意思,大量的信息都通过语言明确地传达,只有少量的信息需要人们根据环境揣摩,即使是常识也需要详细地向对方作出解释;而高语境则需要非常注重说话的氛围,包括对方的声调、动作手势、态度、表情等肢体语言,可以说语言表达的意思主要依靠所在的环境决定。

　　一般来说,秘书在工作中说话应清晰明了、准确无误,力求避免对方误会。但是,不少年纪大的领导人喜欢使用一些模糊的语言,比如,他们经常会对秘书说"把那份资料给我拿来","给那个人打个电话"。"那份资料"是什么资料?"那个人"是谁?这些都要靠秘书揣摩。有些秘书由于害怕上司责备,经常对自己没听懂的地方不敢问第二遍。秘书在接受上司的指示时,精神应该高度集中,但是,对上司的指示确实没听明白或者觉得上司交代得不够清楚时,绝对不能有半点含糊,特别是在安排工作日程的时候,对于时间和地点的安排,一定要问明白。

四、判断自己的感情是否合适

在识别出现在自己内心世界的是一种什么样的感情之后,秘书就要判断这种感情是否合适,因为不合适的感情会导致不合适的行为。那么,秘书依靠什么标准判断自己的感情是否合适呢?这个标准就是价值观,因为在人们的感情中已经包含了价值观的信息。人们的感情和行为是否合适,在很多时候是很容易判断的。比如,在公交车上是否要给老年人让座,这样的行为几乎不需要用头脑思考就能作出判断。作为新一代的社会公民,秘书必须保持一些基本价值观,如尊重他人、为人正直、诚实和遵守法律。

诚实和遵守法律是秘书应该坚持的基本价值观,也是秘书核心价值观的主要内容,无论是上司还是企业,在这两方面对秘书的要求远比一般员工要高得多。

1. 秘书必须诚实

诚实就是对其他人真诚地袒露自己的感情、信仰和行为,能够公开地承认自己的缺点或错误,勇敢直面他人的无礼行为,而不是睁一只眼闭一只眼。不管经验多么丰富,秘书在繁杂忙乱的工作中多少会出这样或那样的差错。出了错,马上道歉,这就是诚实。比如,一位港商希望与上司见面,他在电话里说"下午14点",秘书却听成"下午4点",结果出现失约,造成误会。工作中出现这样的差错之后,秘书应当实事求是地向上司认错,而不是掩盖事实,或者推诿逃避责任。有些秘书不诚实,为了自己或朋友的私利,故意隐瞒事实真相,不及时地向上司汇报,从而给上司的决策造成失误。

对于秘书来说,诚实是一种素质,也是一种能力。秘书在工作中出现失误之后,马上主动向上司或同事认错,不仅不会让上司和同事看不起,反而容易引起他们的感情共鸣——人非圣贤,孰能无过?因此,诚实更能换取上司和同事的信任。

诚实是秘书识别感情能力的极强的体现,因为他们知道欺骗是一种有害的感情,欺骗上司和同事,躲过了初一也瞒不过十五,吃亏的最后还是自己。所以,当他们工作中出现失误后,会迅速地调整自己的感情,选择诚实。因此,高情商秘书都坚持说老实话,办老实事,做老实人。

小琳是总经理办公室的秘书。这天快下班时,公司负责营销的副总经理郑总把小琳叫到自己的办公室,说:"麻烦你帮我办件事。我马上要出差了,后天下午你去王府井××商店的首饰柜台,你说出我的名字后,人家就会给你一包东西。取到东西后,你再帮我送一下。"说着,递给小琳一张写着门牌号码的纸条。小琳在该商店首饰柜台取到东西后,根据郑总的纸条,来到某高级公寓。出来给小琳开门的是一位穿着睡衣的年轻漂亮女性,她接过东西,高兴得几乎有些忘形:"啊!郑哥连我的生日也没有忘记,真是太好了,谢谢郑哥!"几天之后,小琳在给总经理送材料时总经理问她:"近来公司好像有人在议论郑总,你常去他的办公室,是不是知道一些这方面的情况?"小琳知道总经理是问自己那天替郑总送礼的事,但她仍若无其事地说:"最近一个时期我很少去郑总办公室,所以对郑总的事我不太清楚。""哦?"总经理马上平静地对小琳说,"没什么事了,你先出去忙吧!"不久,总经理办公室主任以加强后勤保障为由将小琳调到公司行政部。小琳知道这事是总经理的意思,很快就提出辞职。

小琳失去这份工作,实际上是她的不诚实造成的。的确,秘书在替上司办私事时有责任替上司保密。但在现代企业中,上司与秘书的关系本质上是一种工作关系,既然是一种工作关系,就必须优先考虑企业利益,而不是个人之间的关系。秘书首先要忠诚自己服务的企业。总经理是在工作时间问这件事,而郑总也是在工作时间以副总的名义让小琳去办这件事的,所以这件事不再单纯是件私事,因此,小琳对总经理说自己不清楚,欺骗总经理,是对企业的不忠诚。由于小琳未能区别自己感情中的"义气"与"忠诚",没有意识到此时的"义气"是在危害自己的职业生命,所以,没有采取措施及时调整自己的感情。

秘书需要诚实,但需要注意,诚实是有风险的,所以,秘书的诚实并不等于实话实说,而是该说的说,不该说的就坚决不说。公司里的同事大多是诚实和善良的,但每个公司总有几个别有用心的人,如果秘书谨言慎行,就会被这些人利用。有些年轻的秘书不愿意也不会掩饰自己,初生牛犊不怕虎,敢想也敢说。勇气固然可嘉,但由于他们不知道自己所处的位置何等重要和敏感,他们的敢想敢说常常被人利用,让人当枪使,最后搞得自己很被动。因此,秘书既要诚实,又要学会做人,这是高情商的典型表现。

2. 秘书必须守法

现代社会是一个法制社会,对于秘书来说,由于离领导很近,比普通员工有更多人脉和信息上的优势,会有许多不请自来的机会,而在这些"机会"中有些实际上是秘书职业的陷阱。因此,那些识别感情能力强的秘书知道哪些事自己能做,哪些事自己不能做,在工作中划出一条明确的"红线",警醒自己不要去做那些绝对不能做的事。但有些秘书心存侥幸,钻法律的空子。这种侥幸心理就像吸毒一样容易上瘾,一旦成为习惯,就会像雪球一样越滚越大,让秘书对所有的规章制度都熟视无睹,驱使他们冒更大的风险。因此,随着职务的升高,权力的增大,他们下的赌注也越来越大,如收客户的红包,挪用公款,最后不惜拿自己的青春和生命作赌注。

刘铭是公司采购部王宏经理的助理。公司最近承接了一个大工程,需要确定一批新的供应商。一天,刘铭和王宏在去机场的路上,王宏突然接到儿子出车祸的电话,刘铭只好一个人去考察供应商。到了供应商那里的第一个晚上,刘铭就被酒灌得晕晕乎乎。回到宾馆时,他发现自己的包里多了一个塞满钞票的信封。他打开信封一看,里面竟是5万元现金。他的头脑一下子清醒了,这是供应商按照生意场上的潜规则向自己表示"意思"。自己该不该"笑纳"?当刘铭意识到自己产生了占有这5万元的念头之后,他对自己的这种感情进行了判断。最后得出的结论是:这是一种不合适的感情,会给自己未来的职业发展带来巨大的风险。于是,第二天他把这5万元退还给了供应商。

思 考 题

1. 你识别感情的能力如何?有什么典型表现?
2. 你如何看待"专门侍候人"的秘书工作?为什么?
3. 你养成了每天睡觉之前反省当天的学习和生活的习惯吗?为什么?
4. 你"看人"的能力如何?为什么?

第三章 chapter 3

秘书利用感情的能力

(1) 熟悉利用感情能力的基本内容；
(2) 了解利用感情能力对做好秘书工作的意义；
(3) 知道如何在日常工作中发挥利用感情能力的作用；
(4) 掌握在日常工作和生活中提高利用感情能力的方法。

利用感情就是在采取某行动时将自己的感情保持在与之相适应的状态。它包括3个方面的内容：①通过思考保持最适当的心态；②通过正确的判断，使双方的感情产生共鸣，同受鼓励；③能敏锐地发现双方感情发生的变化。

第一节 利用感情能力概述

一、秘书利用感情能力的典型表现

利用感情能力强的秘书为了实现自己的目标，能让自己按照工作目标的要求将感情调整到适合的状态。他们的想象力和判断力都比较高，能了解上司的真实感情，并与他产生感情共鸣，从而在工作中产生一种"一切尽在不言中"的默契。而那些利用感情能力不强的秘书，大多只顾自己的感受，不能根据当时的氛围将自己的感情调整到一种适合的状态。他们很少顾及上司和同事的感受，站在他们的立场上思考问题，喜欢我行我素，因而很难与周围的人和谐相处，经常被孤立。

秘书利用感情能力的典型表现见表3-1。

表 3-1　秘书利用感情能力的典型表现

秘书利用感情能力强的典型表现	秘书利用感情能力弱的典型表现
知道上司对自己的工作有什么样的期待,工作主动性很强	不知道上司对自己的工作有什么需求,上司交办什么就做什么
创造性地工作,新点子很多	看上去工作很努力,但工作效率一般
想象力丰富,语言风趣幽默,善于制造气氛	说话一板一眼,做事中规中矩,让人觉得缺乏灵气
心情总是很快乐,即使面临很大的压力也很乐观	心情总是有些忧郁,一遇到困难就显得很悲观
遇到困难不会轻言放弃,而且能鼓励其他同事	遇到困难时既不会给自己鼓劲,更不会想到鼓励其他同事

二、秘书利用感情能力强的两大特征

1. 工作积极主动热情

秘书工作很琐碎和繁杂,职责范围永远处于模糊状态,而上司不可能对秘书的每一项工作作出指示,所以,秘书必须充分发挥主观能动性,工作积极热情。秘书要充分发挥主观能动性,必须先了解上司在工作上对自己的期待。有些上司十分清楚自己的工作量,能够合理地将自己认为是"杂务"的工作分派给秘书去做。但不少上司做不到这一点。因此,对于秘书来说,工作中最难的是把握"主动"与"越位"之间的界限,因为很多时候秘书在工作中稍微主动一点,上司就有可能批评他们"越位",给他的工作造成被动。那些利用感情能力强的秘书能充分发挥利用感情的能力,经常站在上司的立场上看问题,因而能了解上司对自己工作上的需求,能判断哪些事情可以由自己做主,哪些事情需要向上司请示,拿捏好自己工作中"主动"与"越位"的分寸,恰到好处地帮助上司处理好"杂务",为上司"减负"。一些秘书在工作中缺乏主动性,是利用感情能力不高的典型表现。他们只满足于做好眼前的工作,很少会想上司对自己有什么新的期望和要求,因而他们就像算盘珠子一样,上司拨一下才动一下。

这天下午上班不久,市工商银行的程行长打电话来找吴总。

"程行长,不好意思,吴总去市政府汇报工作了,现在联系可能不太方便。"作为吴总的秘书,小倩知道程行长是吴总研究生班的同学,他与吴总的私交不错。

见一时联系不上吴总,程行长就对小倩说:"我们老师的夫人昨晚去世了,我想约吴总明早一起去看老师。所以,你们老板回来后,请你马上告诉他,让他给我回个话。"因为关系很熟,所以程行长跟小倩说话也比较随便,"另外,看老师的时候,多少得送点钱,表示一下心意。我俩最好送一样多,所以,你问一问你们老板,看他打算送多少,到时候告诉我。"

"好的!"小倩答应道。

吴总到下午7点多才回到办公室,小倩马上把程行长的意思向吴总作了汇报。

"你说送多少钱比较合适?明天还要带些什么东西去?"不知是突如其来的事件让吴总不知所措,还是吴总对这种人情礼节没有什么了解,他这样反问小倩。

小倩摇头。她看到了吴总眼里对自己的不满。

的确,吊唁师母是吴总的私事,送多少钱和带什么东西去看老师,作为秘书,小倩可以不闻不问。但是,这种"私事"如果处理得不好,必然会影响吴总的工作,因此,作为助手,小倩必须将这种事情当作自己分内的工作处理。既然是分内的工作,小倩就应该利用吴总回来之前这一段时间做些相应的准备工作。比如,虽然吊唁的时候送多少钱没有一定的标准,但在社会上有相应的潜规则,送多了人家可能认为你是摆谱,显示自己财大气粗,显得俗气;送少了,人家又可能认为你寡情薄义。因此,如果小倩不知道这种送礼的行情,就应该向部门或公司其他人请教;如果公司的人不了解,可以问自己的亲戚朋友。小倩没有发挥主观能动性,所以她让上司感到失望。如果小倩利用感情的能力很强,就会在接到程行长的电话后,站到上司的立场上思考问题:吊唁师母应该做些什么准备、送多少钱……如果小倩在上司回来之前把这些问题考虑好了,上司一定会很满意。

2. 工作中与上司配合默契

利用感情能力强的秘书有极强的"第六感觉"。这种第六感觉实际上是秘书的知识、经验和想象力融合后的结晶,它能让秘书在很多关键或微妙的时候,灵活地帮助上司处理一些他想办但又不能自己去办(或者他想说但又不能明说)的事,因而能与上司在工作中形成默契,使双方的工作相得益彰。

年底快到了,王副市长带领市政府一批人来公司调研,董事长召集公司所有中层以上干部在会议室汇报。20多个公司中层干部像往常一样,一坐下来就开始吞云吐雾,会议室烟雾弥漫。董事长自己也是个老烟民,对这种状况习以为常。但他今天有些犹豫,他不知道这些政府官员喜不喜欢打开窗户通空气。打开窗户,外面正下着雪,冷空气进来可能会让客人们不舒服;关闭窗户,他又怕空气不流通,影响政府官员们的情绪。

到底是把窗户打开还是关闭,董事长左右为难。他不能直接请示副市长是打开还是关上窗户。如果问对方,对方肯定会这样回答:"随便,都可以。"对方之所以模棱两可,并不是他们没有想法,也不完全是客气,而是他们担心回答得太肯定,会给人这么一种印象:"这些人太官僚,一定要把窗户关上,根本不顾我们的感受。人那么多,还要关窗户,真不知道怎么想的!"或者"这帮人官僚气十足,天这么冷还非要开窗户!"

坐在董事长旁边准备做会议记录的秘书小赵,看到董事长左右为难的样子,她就想:"董事长到底有什么为难的事呢?"她知道此时此地不宜发问。看到会议室烟雾弥漫,她凭直觉知道了董事长的心思。于是,她站起来朝窗户走去。见小赵要去关窗户,副市长马上说:"不要关,就这样开着吧。"小赵立即回答:"好,开着它透透气!"

这时董事长的愁眉舒展开来了,他在心里很感激小赵,从此更加信赖小赵了。小赵之所以知道董事长正在发愁和为什么发愁,完全是她的"第六感觉"作用的结果。

三、秘书提高利用感情能力的意义

1. 提高工作的创造性

利用感情的能力在本质上是一种创造性的思维能力。如果人们"希望"产生某种心情,利用感情的能力就能帮助人们产生某种心情,并在这种心情的基础上想象出各种情景。在人们的"希望"中都包含了"强烈的愿望"等信息,利用感情的能力能帮人们读取这些信息,并且将这种"强烈的愿望"化作具体的图像。在这个过程中,人们的想象力发挥着关键性作用。想象力是人们在自己头脑中创造出新形象、新思想和新画面的一种能力。由于人们想象到了某种具体的情景，这种情景就有可能给人们带来相应的感受，因而利用感情的能力能让人们体验各种不同的心情，并且在这种心情的基础上产生看问题的新视角。这样，人们就能站在新的角度思考问题，体验到在新的环境中是一种什么样的感觉，于是，那些利用感情能力强的人就能像小说家一样，描述自己在新的环境中体验到的感觉和"看到"的情形，新的创意就诞生了。比如，公司马上要开董事会，总经理愁眉不展。他在愁什么呢？秘书想了解总经理在愁什么，以便能帮他分忧。因为秘书想知道上司在愁什么，所以利用感情的能力能帮秘书"换位"，让秘书站在总经理的立场上思考问题。由于秘书站在总经理的立场上，所以，她不仅知道了总经理正在承受什么样的压力和急需解决什么样的问题，而且体验到了总经理承受的这些压力和急需解决的问题带来的心情。由于体验到了总经理的心情，所以秘书能站在一个新的角度看问题，产生了新的体验，因而能产生新的看法。于是，她把自己的体验和看法写出来，这就是新的创意。她把自己的创意提交给总经理，让总经理多了一种解决问题方法的选择。

  很多秘书在刚从事秘书工作的时候都会勤奋工作，但达到一定的水平之后，有些秘书就会滋生一种惰性，满足于已有的经验，不去想用什么新办法提高自己工作的效率和质量。所以，如果秘书工作太熟练，反而有可能影响秘书工作质量的提高。因此，秘书必须善于创造性地工作。

  秘书工作主要是给上司安排工作日程、收集信息、接待客人、不折不扣地执行上司下达的各种业务指令，因此，在一些秘书看来，秘书工作很难与"创造"一词联系在一起。的确，秘书工作带有很大的被动性和繁杂性。在很多时候，秘书对那些千头万绪的琐碎工作连应付都应付不过来，还要创造性地工作，谈何容易。但是，秘书创造性地工作是非常必要的，只有创造性地工作，秘书工作水平才能一步一个台阶地提高，为上司节省更多的时间、搜集更多的信息、提出更多的合理化建议；反之，如果秘书总是按部就班，不求创新，如同逆水行舟，不进则退，离上司的要求越来越远。

  秘书怎样才能创造性地工作呢？其实，就创造本身而言，秘书工作并没有什么特殊的地方，和其他工作一样，只要明白自己工作的目的，在工作过程中，不停地在头脑中解这样一个一元一次方程："除了用这种方法处理，就没有其他更好的方法了吗？"创造性就会自然而然地在求解过程中发挥出来。

  年底快到了，这天下午秘书小婕正在自己三楼的办公室赶材料。下午4点多，老总来电话让小婕过去。老总交代完一些正事后，说："今年我们公司的销售业绩不错，市场部的几个人功不可没。明天晚上没什么事，我想请他们吃顿火锅，你帮忙安排一下。"小婕就吃火锅的具体时间、地点和标准进行了确认之后回到了自己的办公室。市场部的办公室在一楼，于是她用内线电话通知市场部经理。但第二天上午就满城风雨了，很多人都在议论老总请客的事。销售部门的员工更不满，他们认为，销售部的人在冲锋陷阵，而市场部的人只要耍嘴皮子，凭什么说市场部的功劳最大？老总把小婕找了过去，问她究竟是怎么回事。小婕说不清楚，于是老总在抱怨了小婕几句之后，让她把宴请取消。回到自己办公室后，小婕打电话问市场部经理这满城风雨是怎么起来的，市场部经理吞吞吐吐地说出了真相，原来昨天下午小婕给市场部打电话时，销售部经理正在市场部经理办公室商量工作,所以,销售部经理自然知道了老总要请客的事。销售部经理当时没说什么,但回销售部后肯定会对自己的员工发牢骚。销售部的人不满,自然会跟其他部门的人发泄不满。这件事发生后不久,老总就让小婕去行政部工作。小婕知道这是老总对请客那件事不满。于是过完春节她就辞职了。不过,她始终不知道自己究竟错在什么地方。

这件事小婕究竟错在哪里呢?她错就错在不该用电话通知市场部经理,让这件事泄露出去。她之所以用电话通知市场部经理,表面上是因为她手头工作多,实质上是她没有理解老总请客的意图,没有站在老总的角度上考虑问题。老总为什么要请市场部的人?难道看重的只是大家在一起吃吃喝喝吗?不,老总是要营造一种气氛,让他们知道公司领导重视他们的工作,从而产生来年再接再厉的心理感受。老总是在发挥情商中利用感情的力量,与市场部的人产生感情共鸣。

如果小婕利用感情的能力很强,她就能理解老总请客的真正意图,会暂时放下手中的工作,专程去一趟市场部。俗话说,"见面三分情",小婕当着市场部的全体人员宣布老总请客的事,会让市场部的人感到欣喜。在大家兴高采烈之际,与大家说说笑笑,甚至开些无伤大雅的玩笑,这样气氛就出来了,感情上就产生了共鸣。老总的饭还没有吃,目的大部分已实现了。这就是小婕工作的创新。

2. 提高与上司感情共鸣的能力

共鸣原是一个生理学上的概念,是指由于人耳基底膜的横纤维长短不同,靠近蜗底较窄,靠近蜗顶较宽,因而就像一部竖琴的琴弦,能够对不同频率的声音产生共鸣。声音的频率高,短纤维发生共鸣;声音的频率低,长纤维发生共鸣。在情商学中感情共鸣是指当两人或一群人的感情波长完全相同,即感情一致时的状态。利用感情的能力不仅能帮助人们快速地转换心情,而且能帮助人们感受到周围的人此时此刻的感情波长。在感受到对方的感情波长之后,利用感情能力强的人会迅速调整自己的感情波长,与对方一致,从而形成感情共鸣。如果秘书能感受上司的心情,知道上司在想什么,就很容易与上司产生感情共鸣。有了这种感情共鸣,秘书就能更深刻地理解上司为什么会有这样的想法。有了这种强烈的感情共鸣,秘书与上司之间就能相互理解,在工作中配合得更加默契。

小马是公司市场总监的秘书,每天必须在8:40分之前到办公室。这天公交车很顺,不到8:30就到了写字楼。这时还没多少人,上电梯时,小马意外地碰到了上司。

"小马,昨晚皇家马德里对巴塞罗那1:0,皇马那个球是谁进的?"一进电梯,上司就问。

小马的上司是个超级足球迷。原来他昨晚看西甲联赛时,家里突然停电。在今天早晨开车上班的路上,他从车载收音机听到一则短新闻,知道比赛结果是1:0,但是不知道那个球是皇马队谁进的。

"对不起,我不知道。"小马回答说。小马去年大学毕业。她是个快乐的女孩,百分之百的周杰伦粉丝。她不仅不知道昨晚比赛的结果,连"皇马和巴塞罗那"具体是什么意思也不清楚。

"哦,不好意思,不该问你这个问题。"上司歉意地朝小马笑了笑。这时电梯门开了。

事情就这么过去了,但小马慢慢发现上司对自己的态度有了变化,不再像以前那样对自己的工作给予指点和帮助,有时自己跟他打招呼,他什么表情也没有。一开始,小马不明白自己到底什么地方得罪了上司,想来想去,她知道了是自己那个"我不知道"扫了他的兴。

"至于这样吗?别说是个工作之外的足球问题,即使是工作中的问题,我一个小秘书不知道的问题也挺多的,这很正常,为什么老把这种事挂在心上?"小马心里这么一想,于是就觉得自己的上司是个"小心眼儿",在这么一个人手下干活没劲,肯定没什么前途,因此,她对自己的工作失去了兴趣,并决定找机会跳槽。

在现代职场上有"万事通"的秘书吗?不能说没有,但属凤毛麟角。因此,对上司的提问,要求秘书不说"不知道"确实勉为其难。但是,如果秘书直接回答上司"不知道",100个上司中有99个不高兴。他们之所以不高兴,不是因为秘书"不知道",而是因为秘书回答"不知道"时的态度。在这种一对一的沟通过程中,秘书说话的语气更能反映她内心的真实想法,比秘书所说的内容更容易影响上司的心情。当然,像小马这样,很多时候秘书对上司说"不知道",只想说明"自己确实不知道"这样一个简单的客观事实,但秘书说"不知道"时的语气,很容易让上司感到秘书采取的是一种冷冰冰的态度:"对于你提的问题,第一,此事与我无关;第二,我对此事不感兴趣!"因此,秘书的这种回答让上司感受不到丝毫的感情共鸣。所以,如果小马利用感情能力强,她会这么回答上司,"好,我马上去查一查!",或者"我马上去问一问"。在互联网时代,要查一场西甲联赛的结果,可以说是件轻而易举的事。一般情况下,上司向秘书提问题都是对秘书的信任,对秘书充满了期待。很多时候上司提问并不一定是在寻找答案,而只是在寻求一种感情上的共鸣。因此,秘书知不知道答案并不重要,重要的是你要表明自己的态度。

3. 提高工作效率

人们一些特定的感情能促进一些特定的思考,比如,紧张和恐惧的心情会让人小心翼翼,从而容易发现一些局部和细节上的问题。因此,那些利用感情能力强的秘书善于利用一些特定的思考能力提高自己的工作效率。比如,秘书的写作过程一般分为两个阶段,即起草阶段和修改阶段。在起草阶段,秘书的思维应该呈散发状态,产生大局和整体感,从而使文章富于创新性,因此,这时利用感情能力强的秘书会快速让自己的心情放松下来,以便让思维呈散发状态。到了文章的修改阶段,利用感情能力强的秘书会有意让自己的心情紧张起来,因为人的心情在一定程度上紧张起来,思维就会呈收束状态,就会更加关注文章局部和细节上的东西,从而仔细检查文章中的问题。

第二节 秘书的想象力

从某种意义上说,情商中的利用感情能力是人们的经验与想象力有机融合后的结晶,因此,秘书的想象力对提高秘书利用感情的能力非常重要。

一、想象

想象是人们对头脑中已有的表象进行加工改造,形成新形象的过程。比如,一些人在收音机里听单田芳的评书时,会在头脑中产生相应的情景和人物形象。这些根据别人介绍或自己已有的经验在头脑中形成的新形象,就是想象的结果。想象不仅可以创造人们未曾知觉过的事物的形象,还可以创造现实中不存在的或不可能有的形象。

人们能通过想象预见自己行动的结果,因而想象能指导人们行动的方向。比如,秘书在为上司起草完新产品市场前景预测报告后,就能想象到上司看到这份报告时满意的神态。同时,想象还具有补充知识经验的作用。在实际工作中,秘书对许多事和人是不可能直接感知的,但是秘书可以通过想象补充这种知识经验的不足。比如,上司交代秘书要做好准备接待一个重要的客人,可秘书从未与这个客人见过面。怎样才能制订周全的接待方案呢?秘书可以根据与这位客户的往来函电,想象客人的性格和喜好,制订好接待方案。

想象的过程是从旧的形象中分析出必要的元素,按照新的构思重新结合、创造出新的形象的过程。在这个过程中它需要运用黏合、夸张等典型性手段完成新的形象的塑造。

黏合是人们把客观事物中从未结合过的属性和特征,按需要在头脑中结合在一起而形成新的形象。通过这种"黏合",人们创造了许多新产品、艺术形象等,比如,苹果公司制造的 iPhone,它就"黏合"了电话、收音机、照相机等产品的功能,它既能打电话,又能像录音机一样听音乐,还能像照相机一样拍照。

夸张实际上就是强调,它是通过改变客观事物的正常特点,或者突出某些特点而忽略另一些特点,在头脑中形成新的形象,比如,现在市场上的变形金刚等玩具就很夸张。

典型化是根据一类事物的共同特征创造新形象的过程。它是产品创新、艺术创作的重要方式。比如,现在很多企业在制造产品时就是"全球采购",即企业在全球范围内搜罗性价比最高的零部件制造自己的产品。比如,汽车生产厂商制造一辆汽车,它可能用的是中国的底盘、德国的发动机、美国的方向盘,是一辆拼凑起来的汽车。

想象大多是有意进行的,即人们是按一定目的、自觉进行想象的。比如,公司老总在对一个新项目立项时,他就会在头脑中想象项目的商业前景,如有多少客户愿意购买自己的新产品,愿意以什么样的价格购买自己的新产品。

想象有时也是无意的,即人们想象时没有预定目的,人们是在不自觉的状态中产生想象的。它是当人们的意识减弱时,在某种刺激的作用下,不由自主地想象某种事物的过程。比如,秘书看见上司上班时满脸愁云,就想象到他们全家还在为孩子高考失利而焦虑。

二、辐合思维与发散思维

辐合思维是人们将与问题有关的信息聚合起来,寻找一个正确答案的思维形式,又称求同思维。当问题只有一个正确答案,或只有一个最好的解决方案时,才会发生辐合思维。与辐合思维相对应的是发散思维。发散思维又称辐射思维,是指大脑在思维时呈现的一种扩散状态的思维模式,表现为思维视野广阔,思维呈现出多维发散状,表现为"一题多解"、"一物多用"等方式。发散思维是创造性思维的最主要的特点,也是创造性的主要成分。发散思维具有很强的流畅性——单位时间内发散项目的数量。创造性高的人能在短时间内想出数量较多的项目,亦即人们常说的"点子"多。

在发散思维过程中,变通性很重要。变通性是指发散项目的范围或维度。变通的范围越大或维度越多,就说明变通性越强。创造力高的人的思维的变通性较强,他们在解决问题时能触类旁通,举一反三。创造力高的人不仅思维有很强的变通性,而且有很强的独特性,他们对问题能提出超乎寻常的、独特新颖的见解。

人们在创新过程中除需要发散思维外,也同样需要辐合思维,因为仅有发散思维,人们不可能从众多的方案中选择出最合理的方案。在解决问题时,人们必须把发散思维的结果与原有的思维任务相对照,并利用辐合思维从各种不同的方案中作出正确的选择。所以,辐合思维也是创造性的组成部分。在创造行动中,人们需要从发散思维到辐合思维,又从辐合思维到发散思维,经过多次循环往复才能完成。

三、远距离联想能力

远距离联想能力是在彼此相距很远的观念间看出其关系的能力。它也是创造性的一种构成成分。远距离联想能力高的人能够根据某些标准把互不相关的概念联系起来,形成一种新的联想。

四、与创造性相关的品质

创造性不仅受智力因素的影响,而且还受一系列非智力因素的影响。比如,秘书的自信心和意志力等对秘书工作的创新有很重要的影响,而秘书的责任感、勤奋、热情、善于想象、兴趣广泛、独立性等素质也是秘书工作创新不可或缺的品质。

五、影响想象力发挥的因素

1. 定式思维

定式思维是指人们在思考问题时,一直按照同一种方式思考、理解、记忆问题,久而久之,就在思考问题时形成一种习惯,使人只想到一个方面。人们在学习过程中使用某一认知方式进行思维,重复的次数越多,越有效,在新的相似情境中就会优先运用这一方式。这是一种无意识行为,它是思维的"惯性"现象,是人的一种特别本能和内驱力的表现。

定式思维对于问题解决具有极其重要的意义。人们在遇到问题后,定式思维能根据面临的问题联想已经解决的类似问题,将新问题的特征与旧问题的特征进行比较,抓住新旧问题的共同特征,将已有的知识和经验与当前问题情境建立联系,利用处理过类似的旧问题的知识和经验处理新问题,或把新问题转化成一个已解决的熟悉的问题,从而为新问题的解决做好积极的准备。但是,定式思维对秘书想象力发挥的负面作用也是明显的,当秘书在工作或生活中遇到问题时,思维定式会使秘书墨守成规,难以涌出新思维,作出新决策,从而养成一种呆板、机械、千篇一律的解决问题的习惯。当新旧问题看上去相同但本质大不相同时,思维定式往往会使秘书步入误区,这使得秘书不能灵活运用知识,创造性思维的发展受到阻碍。

2. 功能固着

人们把某种功能赋予某种物体的倾向称为功能固着。如盒子是装东西的,笔是写字的。在解决问题的过程中,人们能否改变事物固有的功能以适应新的问题情境的需要,常常成为解决问题的关键。在功能固着的影响下,人们不易摆脱事物用途的固有观念,因此直接影响人们灵活地解决问题。

形成功能固着与经验有很大的关系。比如,很多秘书认为上司在开会时不能接听电话因而不予转接。但事实上,许多上司即使是在开会时,也经常在等一些重要的电话。秘书要在工作中克服功能固着的影响,就需要灵活机智地使用已有的工具或材料,善于变通。秘书要提高自己的变通能力,一方面需要有丰富的知识和经验,另一方面则要加强思维灵活性的训练。

第三节 利用感情的方法

一、利用感情促进思考

秘书在工作中经常会遭遇各种各样的感情,这些感情像不请自来的客人干扰秘书的工作,让一些秘书烦恼不已。其实,这些感情本身就是构成秘书工作能力的重要元素,可以说所有的感情都能帮助秘书思考,提高秘书解决问题的能力。虽然感情能帮助秘书提高工作效率,但它似乎从来没有得到秘书应有的重视。

1. 利用感情提高工作效率

秘书在工作中的思维方式分为两种,即归纳法和演绎法。这两种思维方式要求秘书分别有不同的感情状态。在秘书的感情中包含了许多重要的信息,这些感情要求秘书重视那些发生在自己周围并严重影响自己心情的重要事情。当秘书快乐的时候,思维呈发散状态,努力探寻自己周围新出现的事物;而当他们感到紧张甚至恐惧的时候,思维就会对自己的周围环境更加注意,以发现那些威胁自己的东西。因此,当秘书快乐的时候,就可以利用归纳法提高工作效率。归纳法是通过许多个别的事例或论点归纳出它们所共有的特性,从而得出一个一般性的结论。归纳法需要秘书的思维呈发散性状态,而秘书在快乐的时候感情和思维都正好呈发散状态。比如,上司在制订工作计划会上要求秘书积极思考、踊跃发言,这实际上就是要求秘书的思维呈发散性状态,这样,秘书就有可能产生新的创意和想法。当秘书紧张的时候,可以利用演绎法提高自己的工作效率。演绎法是从普遍性结论推导出个别性结论的工作方法,它需要的是秘书的感情和思维都呈收束状态,而秘书在紧张的时候感情和思维都正好都呈收束状态。比如,秘书在紧张的时候,可以让自己做一些检查之类的工作,这样更容易发现一些细节上的问题。

2. 了解上司的立场和感情

对于秘书来说,也许理解上司的想法不是件太难的事,但是,能站在上司的立场上看问题并得到相应的体验,就不是件容易的事。利用感情能力强的秘书不仅能站在上司的立场上看问题,而且能感受到上司在做各种决策时的心情,所以,他们能体验上司经历的各种不同感情,与上司产生感情共鸣。如果秘书能与上司产生感情共鸣,就能了解上司是如何看问题的,这样,就能在更高层次上理解上司的立场和感情。

刘小敏是公司负责研发的副总的秘书。由于公司产品在生产过程中出现了严重的质量问题,她的上司被老总叫去训话。下午6点多了,上司还没回到自己的办公室,刘小敏只好在办公室等他。晚上7点,刘小敏看到上司疲惫地回到自己的办公室。当时已是寒冬,天黑得很早,办公室暖气也停了。上司回到办公室后没有开灯。刘小敏知道他心情很沮丧。她来到上司的办公室,没有开灯(但窗外有灯光照进来),沏了一杯热茶,放到上司办公桌上,然后悄悄地回到自己的办公室。虽然那杯茶与刘小敏平时给上司沏的茶没什么两样,但一切尽在不言中。

3. 在工作中充分发挥想象力

心情能直接影响人们的思考。就像人们的心情经常在发生变化一样,人们思考的方式也经常在发生变化。利用感情能力强的人能够通过改变自己的心情来改变思考的方式,所以,他们善于从不同的角度看问题。由于他们善于改变看问题的角度,因而他们的视野比一般人开阔,工作效率更高。

由于秘书主要是为上司处理杂务,重复性和简单性都很强,容易让秘书变得疲惫和迟钝,心态变老;久而久之,秘书看惯了自己周围所有的东西,见惯不怪,产生不了新的想法,也接受不了新鲜事物,于是上司可能会说他是"榆木脑袋"。如果秘书意识到这一点,可能会选择外出旅游等方式转换自己的注意力,让注意力重新高度集中,以发现新鲜事物,产生新的联想。所以,那些利用感情能力强的秘书善于改变自己的心情,充分利用想象力让自己随时随地进行"虚拟旅游"。由于他们思考问题的角度和方法在经常发生变化,能经常发现新问题。

周彤已经在公司做了3年销售。做销售的压力实在太大了,身体累心更累。于是,她决定改行做文秘。在她看来,文秘工作虽然单调枯燥,但劳动强度不大,比较安稳,所以,当她得知秘书岗位出现一个空缺后,马上向人力资源部门提出申请。最终她如愿以偿。但是工作不到半年,她就觉得秘书工作不适合自己,决定跳槽。是什么原因让她反悔当初的选择?难道是她对这份工作了解得不够吗?不是!她在向人力资源部门提出申请之前,不仅对自己岗位的条件和日常的工作进行了仔细研究,而且还与自己未来的上司进行了直接的交流,了解了自己所要从事的具体工作。那么,到底是什么原因使她这么快就要跳槽呢?主要原因是周彤没有考虑秘书工作会给自己带来什么样的感受。一个正确的决定,不仅要在逻辑上行得通,而且要能满足感情方面的需求。当初周彤在考虑这份工作时,只考虑了它对自己职业发展的影响,没有想到这份工作会给自己带来什么样的感受。虽然她知道秘书工作"单调枯燥",但她对此没有实际体验,所以,当她真正体会到文秘工作的"单调枯燥"时,就觉得难以忍受了。如果周彤利用感情的能力很强,会通过想象力让自己"虚拟工作一天",体验做一天秘书自己会是什么感受。如果她有了这种体验,就会对是否做秘书工作做出抉择。如果她选择做秘书工作,就能做好相应的思想准备,不会这么快就想跳槽。

现在秘书的跳槽率比较高,虽然有薪水等方面的问题,但主要还是他们接受不了秘书工作带来的感受。或者说,秘书工作给他们带来的感受与当初的想象大不相同。这种问题与这些秘书利用感情能力不强有很大的关系。

秘书工作有以下几个特点,对于准备从事秘书工作的人来说必须提前做好心理准备。

(1)工作简单。由于秘书工作主要是打杂,如前台值班、转接电话、给客人泡茶、清洁和整理办公室,可能会让一些踌躇满志的秘书新人感到秘书工作非常"简单",没有什么含金量,要不了多久他们就会失去工作激情,工作得过且过,应付了事。

(2)工作繁重。秘书工作繁重主要表现在工作时间长,上班要比上司早到,下班要比上司晚走,而公司领导人加班是常事,所以加班对于秘书来说也就成了家常便饭。由于秘书新人资历浅,部门内部一些粗活、重活、没人愿意干的活多由秘书新人承担。因此,许多秘书感到工作繁重。

(3)待遇较低。秘书的工作主要是打杂,难以量化,所以尽管秘书的工作属于企业管理范畴,甚至是高层管理的范畴,但许多秘书的身份只是一般的办事员,没有什么特别的待遇,奖金甚至不如一般业务人员。

(4)工作清闲。由于刚刚参加工作,缺乏工作经验、不熟悉公司业务流程、不了解上司的工作内容及工作习惯等,一些上司图省事只让秘书接电话或给客人泡茶,因此,一些秘书感到自己工作很清闲,上班靠上网聊天等打发时间,感叹青春年华的流逝。

二、将感情与思考融为一体

人类是一种高级感情动物,人们所有的决策都不是单纯逻辑推理的结果,而是感情与理性相互博弈的结果,感情对人们的决策起巨大的作用。

1. 心情左右思考

利用感情能力高的人知道在什么情况下什么样的心情是合适的,什么样的心情是不合适的。但是,仅仅知道这些并不意味着"善解人意"。即使那些反对夸大情感作用的领导人,其实他们也非常依赖自己的感情。比如,公司出现严重亏损,总经理正在为这事大伤脑筋,秘书请求他给自己换一台新电脑,会出现怎样的结果,大部分秘书都能想象出来。在上司心情不好的时候,他很难同意秘书换一台新计算机的要求。因此,秘书在与上司沟通之前,一定要注意观察上司的心情,看他是怎么想的,现在想不想与自己沟通。即使上司不开口,秘书也可以通过他的神态或肢体语言判断他的状态。通过察言观色,秘书知道了上司将用什么方式与自己交流,也差不多就了解了上司的真实意图。一些秘书为了追求效率,不管三七二十一,一见面就滔滔不绝,不管上司心情如何,想不想与自己交流。这样的沟通不仅很难取得效果,反而有可能增加沟通的难度。

2. 感情影响决策

在很多秘书的想象中,上司都应该是最理性的人,因为他们有多年的职业历练,因而他们的感情很难被外在的因素影响,很少做出情绪化的事。然而,事实并非如此。如果秘书多说几句好话,上司也一样会变得"好说话"。其实,无论是谁,只要听到别人说自己好话,他的心情就会变得积极快乐起来。这是人性使然,与职业素质无关。秘书多说几句好话,上司的心情变得积极快乐,他们自然就会对秘书表现出更多的同情和关怀,变得"好说话"。

小菲的新上司是公司负责营销的副总。公司员工上千人,年销售额十几亿元,可他连日程表也不让小菲做。有一次,公司董事长打电话问小菲她的上司这几天日程是怎么安排的,小菲回答"我问一下老总后再告诉您"。董事长以为小菲是对自己保密,很生气。因此,小菲下决心改变这种局面。这天,小菲起草了一份给客户的传真,交给上司审阅。上司看完后准备自己去发,小菲马上把传真抢了过来,笑着对上司说:"老板,公司还有那么多大事等着你处理,你去忙大事吧,像发传真这种小事交给我来办吧!"老板对她这种做法非常受用,就不再坚持了。就这样,小菲慢慢地让上司"放权"了。到最后,他总是习惯这样对小菲说:"这事你自己看着办吧!"上司的"你自己看着办吧"是对秘书的信赖。

3. 投入感情工作

人们的记忆与感情有密切的关系。人们常说初恋是难忘的,就是这种现象最好的说明。人们在开始初恋时往往都投入了大量美好纯洁的感情,而初恋带给人们的也是美好的滋味。尽管初恋的成功率不太高,"美好纯洁的感情"与"美好的滋味"这两种感情交融在一起形成了"初恋情结"。所以初恋留给人们的回忆往往是终生难忘的。这种现象叫"心情配合记忆力",即人们在回忆某种事件时,很容易想起事情发生时的心情。

秘书每做一项工作时,都会产生相应的感情,有的工作他们喜欢,有的不喜欢。比如,一些男秘书非常喜欢陪上司外出应酬,而一些女秘书则很讨厌陪上司外出应酬。但是,如果秘书不投入感情工作,就永远不可能享受到工作带来的快乐。一些秘书工作的动力不足,主要表现为工作倦怠症,这与他们在工作中投入的感情不足有很大的关系。一些秘书之所以感情投入不足,主要是觉得目前的工作与自己的未来没有多大的关系,享受不到成就感。秘书能否享受到成就感,与自己未来的职业发展息息相关。那些利用感情能力强的秘书能通过想象,自觉地发现当下的工作对自己未来职业发展的影响。如果秘书认识到当下工作的意义,自然就会在工作中投入感情,从而享受当下工作带来的成就感,这样,工作起来自然会干劲十足。

4. 既讲理又讲情

除了睡眠,可以说人们每时每刻都在思考问题,都在做各种各样的判断或决策。这些判断或决策看上去是逻辑推理的结果,与人们的感情没什么关系,但事实恰恰相反。人们的感情与理智总是交融在一起的,既没有离开感情的"纯理智",也没有离开理智的"纯感情",因而人们的判断或决策不可能与感情没关系。人们所做的决策也许是非常理性的,但它实际上是理智与感情博弈的结果。只有让理智与感情充分地博弈,人们才能做出最佳决策。如果人们想通过排斥自己的感情做出最理性的决策或判断,那是不可能的,或者说,那些决策或判断不可能是最理性的。

利用感情能力强的秘书知道感情对自己工作中决策的影响是很正常的,所以他们不会考虑如何在工作中屏蔽自己的感情(事实上也做不到),而是如何有效地调整感情,做到感情与理性思考有机地融合。他们既不排斥感情的作用,又不夸大感情在工作中的重要性,在处理问题时,不仅注意自己的感情,也注意周围的人的感情。比如,一些上司在开会时或要思考重要问题时,会交代秘书在这期间不要让电话干扰他们。因此,那些利用感情能力强的秘书在接到找上司的电话时,不会仅用一句"某总现在不能接电话"打发对方,会在对方"方便"的情况下,问对方自己是否可以帮忙,这样,既理性地拒绝了对方的要求,做到了"合理",又征求了对方的意见,考虑了对方的感情。他们在处理问题的过程中尽可能做到理性与感情一致,在现有感情的基础上选择解决问题的方法,从而做到"既合情又合理"。

思 考 题

1. 你利用感情的能力如何？有什么样的典型表现？
2. 你与同学发生矛盾时，通常是否能够站在同学的立场上考虑问题？为什么？
3. 你的想象力如何？每天都有新的想法还是一副见惯不怪的样子？为什么？

秘书理解感情的能力

(1) 熟悉理解感情能力的基本内容;
(2) 了解理解感情能力对做好秘书工作的意义;
(3) 知道如何在日常工作中发挥理解感情能力的作用;
(4) 掌握在日常工作和生活中提高理解感情能力的方法。

理解感情是一种能与对方感情相通的能力。理解感情的能力包括4个方面的内容:第一,能理解各种感情的意义,了解它们之间的关系;第二,在传递感情时能解释它们的意义;第三,能理解各种复杂的感情;第四,能理解感情的变化。

第一节 理解感情能力概述

一、秘书理解感情能力的典型表现

理解感情能力强的秘书对自己和上司现在的感情非常了解,并能理解产生这些感情的原因;同时能正确推测上司的感情将发生怎样的变化以及会带来什么样的结果,并根据这些结果提前采取相应的措施;而那些理解感情能力不强的秘书对自己身边发生的事物都不太在意,他们对自己和上司现在的感情不是很了解,更不了解为什么会产生这样一些感情。他们也不明白自己的言行会给上司或周围的人的感情带来什么样的影响。因此,他们很难意识到上司或同事正需要自己的帮助,往往等到事情已经过去他们才会恍然大悟。所以,他们很难满足上司和同事的期待,人际关系不是很和谐。

秘书理解感情能力的典型表现,见表4-1。

表 4-1 秘书理解感情能力的典型表现

秘书理解感情能力强的典型表现	秘书理解感情能力弱的典型表现
工作和生活都有条理有预案	喜欢凭直觉和印象办事
能正确地推测上司和同事下一步会做什么	经常对上司和同事的行为大惊小怪,咋咋呼呼
表达感情的手段很丰富	不善于表达自己的感情
能理解上司和同事矛盾而又复杂的感情	看人脸谱化,非黑即白
说话层次分明,分寸感极强	说话经常用词不当,有时还吞吞吐吐

二、秘书理解感情能力强的两大特征

1. 善解人意

理解感情的能力是一种人们理解自己与他人为什么会产生这种感情而这种感情又会发生怎样的变化的能力。它能让人们理解各种感情的意义之间的关系。因此,那些理解感情能力强的秘书能根据感情变化的规律去了解自己和自己周围的人。因为他们能理解各种感情产生的根本原因和变化的方式,所以他们能准确地预测他人的行为,并提前考虑好自己应该用什么样的言行来应对对方。

2. 办事缜密

感情变化虽然是非常复杂的,但它是有规律的,因此,那些理解感情能力强的人能准确地预测他人的行为,即使是在出现特殊的事件或状况后,他们也能迅速地推测出现特殊的事件或状况会带来什么样的后果,对方会做出什么样的反应,而自己又应采取什么样的应对措施。秘书是专门为上司服务的,而上司大多身负重任,如果秘书准备不周到,或意外情况发生后措手不及,让上司的工作出现失误,就有可能牵一发而动全身,给上司甚至给企业造成无可挽回的损失。秘书的日常工作中突发性事件很多,为了应对那些无法预料的事件,那些理解感情能力强的秘书在处理问题时会将有可能出现的各种意外状况都考虑进去,所以,他们办事缜密,预案充分。

小赵是公司总经理的秘书。18日晚上总经理要去山东泰安与当地有关政府领导就投资项目进行洽谈,而18日中午他还要在燕京饭店宴请一位从西北来的重要客户,所以,小赵在17日下午下班之前与总经理商量怎么安排18日的日程:由于总经理要在下午6:00之前到达在泰安的办事处,所以必须在下午2:30之前上火车,因为从北京到泰安快车大约需要3小时,再加上从泰安火车站到办事处约0.5小时;宴请西北的客户预定花1.5小时,再加上从燕京饭店到北京站和提前上车需要1小时,那么,只需要在12:00开始进餐就行。根据这种反推法,小赵安排司机11:30从公司送总经理到燕京饭店(0.5小时足够),并订了下午2:30的火车票,通知泰安办事处的人下午6:00接站。

但是,在18日意想不到的事发生了:总经理与客人吃饭时,一聊天就把时间给忘了,快2:30才从饭店出来。他一看手表,要赶原定的火车是来不及了,于是他问在饭店外等候的司机,去泰安下一趟火车最早是几点,司机说不清楚,总经理有些不耐烦,让司机马上打电话问小赵。没过1分钟,小赵就用短信将下午从北京站始发路过泰安的所有火车的开车时间发了过来。因为小赵预计到这种情况可能出现,所以提前做好了准备。当时总经理很惊讶,但也非常满意,由衷地感叹:"这个小赵真不简单!"

三、秘书提高理解感情能力的意义

感情的变化是有规则的,掌握了这些规则,秘书就能利用这些规则去了解自己和自己周围的人。秘书理解了感情产生的根本原因和变化的方式,就能提高预测他人行为的能力。如果秘书理解感情能力高,那就能推测出对方与自己是一种什么样的关系,考虑自己应该用什么样的言行来应对对方,并推测之后对方的感情又会发生怎样的变化。

第二节 秘书的思维能力

如果说情商中的利用感情能力是人们的经验与想象力有机融合后的结晶,那么,也可以说情商中的理解感情的能力是人们的知识(当然也包括经验)与逻辑推理能力有机融合后的结晶。想象与推理都是人们思维的重要组成部分,为了让秘书更加直观地了解情商学,在本书的第三章对"想象"做了单独的叙述,特此说明。

在日常生活中,人们每时每刻都离不开思维。人们用它学习知识、解决问题;辨别真伪、识别美丑、探索新知等,因此,它是构成理解感情能力的重要基础。

一、思维的含义及种类

1. 思维的含义

思维是人们对客观现实概括的和间接的反映,它反映的是事物的本质和事物间规律性的联系,是人们认识的高级形式。思维不同于感觉、知觉和记忆。感觉和知觉是人们直接接受外界的刺激输入,并对输入的信息进行初级的加工。记忆是对输入的刺激进行编码、存储、提取的过程。思维则是对输入的刺激进行更深层次的加工,它揭示事物之间的关系,形成概念,利用概念进行判断和推理,解决人们面临的各种问题。但是,思维又离不开感觉、知觉、记忆活动所提供的信息。只有在大量感性信息的基础上,在记忆的作用下,人们才能进行推理,作出种种假设,并检验这些假设,进而揭示感觉、知觉、记忆所不能揭示的事物的内在联系和规律。概念、表象以及动作等都是思维的基本组成部分,而推理、问题解决和决策等则是思维的过程。

2. 思维的种类

(1) 直观动作思维、形象思维和逻辑思维

直观动作思维又称实践思维,解决问题的方式依赖于实际的动作。比如,秘书在替上司预约客人时电话突然不出声了,问题在哪里?秘书必须通过检查电话机和线路,才能确定是电话机出故障了,还是线路断了。找出问题,才能排除故障。这种通过实际操作解决直观具体问题的思维活动,就是直观动作思维。

形象思维是指人们利用头脑中的具体形象(表象)来解决问题。比如,秘书陪同上司外出拜访客户,秘书应事先在头脑中想出可能到达的路线,经过分析与比较,最后选择一条短而方便的路线。这样的思维就是形象思维。不少人认为,只有像艺术家、作家、导演、

设计师这类从事艺术创作的人需要很强的形象思维能力,而像从事重复性事务性工作为主的秘书对形象思维能力要求不太高,实际上形象思维能力对做好秘书工作同样很重要。

逻辑思维是人们运用概念、判断、推理等形式来解决问题。比如,秘书在管理档案的过程中,要根据档案的性质进行分类,就要运用逻辑思维。逻辑思维是人们思维的典型形式。

（2）经验思维与理论思维

人们在日常生活中凭借自己的经验进行的思维活动叫做经验思维。比如,秘书根据自己的经验,认为"上司是个责任感很强的人"、"公司开发的新产品将会深受顾客欢迎",这些都属于经验思维。由于知识经验的不足,这种思维易产生片面性,甚至得出错误或曲解的结论。

理论思维是根据科学的概念和论断,判断某一事物,解决某个问题。比如,人们常说"秘书是为上司创造最佳决策环境的人",这就是理论思维的结果。这种思维活动往往能抓住事物的本质,使问题得到正确的解决。

（3）直觉思维与分析思维

直觉思维是人们在面临新的问题、新的事物和现象时,能迅速理解并作出判断的思维活动。这是一种直接的领悟性的思维活动。比如,秘书在向上司汇报下星期召开的董事会的筹备情况时,上司突然问秘书某个客人的电话号码是多少,秘书能迅速地回答出来。直觉思维具有快速和跳跃等特点。

分析思维也就是逻辑思维,它是遵循严密的逻辑规律,逐步推导,最后得出合乎逻辑的正确答案或做出合理的结论。

（4）常规思维与创造性思维

常规思维是指人们运用已获得的知识经验,按现成的方案和程序直接解决问题。比如,秘书积累了筹备公司董事会的经验,自然就会知道如何筹备股东大会。这种思维的创造性水平低,对原有的知识不需要进行明显的改组,也没有创造出新的思维成果,因而称为常规思维或再造性思维。

创造性思维是指重新组织已有的知识经验,提出新的方案或程序,并创造出新的思维成果的思维活动。比如,上司让秘书起草一份新产品市场预测报告,这不仅要求秘书掌握新的营销知识、新的写作格式等,还要求秘书有创造性的思维。创造性思维是人们思维的高级形式。创造性思维是多种思维的综合表现。它既是发散思维与复合思维的结合,也是直觉思维与分析思维的结合,它包括理论思维,又离不开创造想象等。

二、推理

推理是指根据一般原理推出新结论,或者从具体事物或现象中归纳出一般规律的思维活动。前者叫演绎推理,后者叫归纳推理。比如,针对"秘书一定要具备很强的沟通能力吗"这个问题,人们根据"秘书是上司对外联系的主要渠道"的原理,推出"担任对外联系主要渠道的人必须具备很强的沟通能力,所以秘书一定要具备很强的沟通能力"的结论。这种回答问题的过程就是演绎推理。再比如,"秘书需要很强的沟通能力","推销员需要很强的沟通能力","客服需要很强的沟通能力","公关需要很强的沟通能力",由于秘书、推销员、客服、公关都属于白领,所以得出"所有白领都需要很强的沟通能力"的结论,这就是归纳推理。

逻辑学侧重研究推理的形式,而秘书情商学侧重研究推理的感情运动的过程,研究这一过程是怎样进行的,并试图用一定的理论来解释这一过程。

1. 三段论推理

三段论推理是由两个假定真实的前提和一个可能符合,也可能不符合这两个前提的结论所组成的。在逻辑学中有4个典型的三段论式:①所有的A都是B,所有的B都是C,因而所有的A都是C;②所有的A都不是B,所有的B都是C,因此,所有的A都不是C;③所有的A都是B,所有的C都是B,因而所有的A都是C;④有些A是B,有些B是C,因此,有些A是C。

2. 线性推理

线性推理又称关系推理,在这种推理中,所给予的两个前提说明了3个逻辑项之间可传递性的关系。比如总经理坐在董事长的左边,董事长坐在董事长助理的左边,因此,总经理坐在董事长助理的左边。由于这种推理的3个逻辑项之间具有线性的特点,所以线性推理又称线性三段论。

3. 条件推理

条件推理是指人们利用条件性命题进行的推理。比如,"如果明天总经理要向董事长汇报工作,那他就不能参加销售部的会议了",明天总经理要向董事长汇报工作,所以他不能参加销售部的会议。在条件推理中,人们发现了一个有趣的现象,就是人们倾向于证实某种假设或规则,而很少去证伪它们,这种现象称为证实倾向。

三、问题解决与决策

1. 问题解决

问题解决是由一定的情景引起的,按照一定的目标,应用各种认知活动、技能等,经过一系列的思维操作,使问题得以解决的过程。比如,总经理秘书张红发现自己与周围一些同事的关系越来越僵,通过一段时间的自我反省,她找到了问题的根源,即不能正确对待自己,认为自己是总经理秘书,高人一等。于是,她主动与同事沟通,并尽可能地给他们提供协助,因此问题很快得到解决。

现实中既有界定清晰的问题也有界定含糊的问题。界定清晰的问题是指初始状态、目标状态以及由初始状态如何达到目标状态的一系列过程都很清楚的问题。比如,总经理的权力大于部门经理,部门经理的权力大于项目经理。界定含糊的问题是指问题的初始状态或目标状态没有清楚的说明,或者两者都没有明确的说明,这些问题具有很大的不确定性。比如,总经理让秘书"写一篇讲话稿",但在什么场合讲,具体讲什么内容等,总经理没作任何交代,所以,"写一篇讲话稿"对秘书来说是一个界定含糊的问题。

要解决问题就要具备丰富的知识。秘书必须具备丰富的社会常识,它直接影响问题解决的效率。常识是指"基本知识"。社会常识泛指人们在日常工作和生活中所需的各种常识的总和。作为单位内外一个信息交流枢纽,秘书每天都要与公司内外各式各样的人物打交道,所以,秘书不一定要具有某一方面的专长,但一定要是个"杂家",上知天文地理,下懂风土民情。一个优秀的秘书往往是一个常识家,因为常识就是直觉的邻居。

2. 决策

决策是指在几种备选的方案中进行选择的过程。对于秘书来说,上司工作的本质就是决策,自己的工作只是为上司创造良好的决策环境。但这并不意味"决策"是上司的专利,秘书在日常工作中也经常需要决策。比如,这天早晨一上班,负责销售的副总让秘书去买半斤龙井,说下午自己要招待一个重要的客人;刚放下销售副总的电话,负责研发的副总来电话让秘书订一张下星期去广州的火车票。是先买茶叶,还是先买火车票?这就需要秘书进行决策。

决策的好坏,直接影响到行动的效果。如果说上司决策的好坏直接影响企业的运营效果,那么,秘书的决策也在影响上司的决策质量。因此,秘书如何决策,决策受到哪些因素的影响,如何克服决策中的偏差等都具有重要的现实意义。

第三节 理解感情的方法

在构成情商的四种能力中,只有理解感情的能力属于认识能力,也就是说,它与思考能力的关系最为密切。感情形成的原因是什么、各种感情之间是什么关系、感情正朝什么方向变化……理解感情的能力能帮人们解答这类问题,并能用语言把它们表达出来。因此,理解感情的能力意味着人们需要具备相应的感情知识。

一、了解感情产生的原因

为了分析感情产生的原因和结果,人们经常用这样的数学方程式来表示:"如果 X,就会成为 Y。"或者更为准确地说"如果发生 X 事情,那么就会出现 Y 的感情或结果"。感情包含着与人们周围环境密切相关的信息,而这些信息就是诱发人们感情产生的根源。

如果人们能把感情与各种事件联系起来,那他就能了解感情产生的原因和结果。比如,当李娜听说研发部经理刘根望被提为总监之后,她就能推测出刘根望现在肯定很快乐。后来,李娜得知刘根望被提为总监是为了让他提前退休,于是李娜推测现在刘根望肯定变得很郁闷。

秘书在日常工作和生活中,大多是在凭直觉处理问题。但是,如果秘书养成了凭直觉办事的习惯,就有可能把一些复杂的问题简单化,从而给自己带来不必要的麻烦或损失。比如,有个客户总是打电话找总经理,要投诉公司的产品。作为总经理的秘书,刘玲凭直觉认为这只是那个客户没事找茬,所以,只要接到那个客户找总经理的电话,她就会立即把电话转到客服部去。然而,那个客户为什么要一而再再而三地向总经理投诉呢?难道他真的是在没事找茬吗?如果他真的不喜欢公司的产品,他完全可以换别的品牌……如果刘玲认真地思考这些问题,那她就可能会感到非常惭愧。

二、感情的四大特点

任何感情的产生都是有缘由的。人们高兴有高兴的原因、悲哀有悲哀的原因,因此,在理解感情的第一阶段就要了解感情的性质。掌握了感情变化及其规律方面的基本知识,就有助于我们对感情的理解。为了加强对感情的理解,就需要知道感情的一些特点。感情有以下四大特点。

第一,感情不会单独产生。在一般情况下,人的内心会同时产生几种感情,比如,在"轻蔑"这种情感中就包含了讨厌、愤怒和快乐等几种感情。又比如,在召开公司董事会期间会务工作出了很多差错,作为总经理秘书,汪涛在感到懊悔与遗憾的同时,也会感到对不起总经理,并对其他几个同事的马虎行为而感到不满。

第二,感情非常复杂。在现实中,有很多事情是由几种看上去很矛盾的感情引起的,因而在人们的内心有可能同时产生几种相反感情。比如,刘峻与武健分别是公司董事长和总经理的专职秘书,他俩的关系很"铁",他俩在相互信赖对方的同时,可能又会对对方的某些行为恨之入"骨"。人们经常用"五味杂陈"、"哀其不幸,怒其不争"等词句来形容感情的复杂性。

第三,同样的感情在每个人身上有不同的表现。比如,这次公司董事会是胡军和张娜两人负责筹备的,出了不少漏洞。会后,总经理对他俩进行了公开批评。对于总经理的批评,胡军无动于衷,而张娜差点在会上哭出来。

第四,感情总是在变化和发展之中,它很难静止下来,让人做到"心如止水"。感情的强弱会随着某种特定的规则而变化和发展。比如,方媛经常在未征得胡倩同意的情况下就坐在胡倩的座位上用她的计算机玩游戏,一开始胡倩只是有些不满,但方媛并不听胡倩提醒,只要胡倩不注意,她就坐在胡倩的座位上用她的计算机玩游戏,于是胡倩的感情由不满变成了愤怒,从此不准方媛动自己的计算机。

三、感情的 What-if 分析法

人们要想充分了解自己和周围的人,就要拥有丰富的感情知识。感情传递着人们内心的信息,如果人们希望理解他人的感情,就要能解读从他人内心传递出来的关键信息。如果人们要理解对方感情产生的原因,就要能洞察到对方形成这种感情的力量。如果要理解对方的感情为什么会发生这样的变化,就要明白对方究竟发生了什么事情。总之,发生了某种特定的事情之后,就要用某种特定的方法去应对,只有这样,人们才有可能正确地预测对方下一步将采取什么样的行动。

感情的 What-if 分析法是预测人们感情变化的实用工具。What-if 分析法原本是运筹学中的一种分析工具,它是基于历史数据,分析各种不确定因素变化到一定程度时,对假设场景效果的影响程度,即"假设现状为 A,如果发生 X 事情,那 A 就会变成 Y"。感情 What-if 分析法就是借用 What-if 分析法来预测感情变化的结果。比如,杨涛每天都过着家里与办公室这种两点一线的平静生活,心态很平和。突然有一天总经理办公室主任告诉他,总经理提议送他到美国培训半年。于是,同事们就可以肯定杨涛现在的心情是"欣喜若狂"。

1. 理解感情变化的规则

某种事情发生之后,人们会产生什么样的感觉和这种感觉如何产生,它会因人而异。比如快乐,快乐原是人们得到某种很有价值的东西后产生的感觉,而人们对价值判断的标准又各不相同。比如,宋红与项军因筹备公司股东大会而受到董事长的特别称赞,总经理

批准给他俩发1000元特别奖。宋红的老家在大西北农村,所以,这1000元特别奖让她"喜出望外";而项军是典型的富二代,所以,他对这1000元特别奖"无动于衷"。

感情变化是有规则的,如果秘书理解这些规则,就能更好地理解他人。

公司决定派研发部的小王去法国进修半年。小王把自己的出国资料交给了总经理秘书小菲,因为必须有总经理在上面签字,人力资源部才会正式办理出国手续。由于今年公司业绩下滑,总经理在公司股东那里面临很大的压力,他天天找人开会,研究明年的销售问题,所以,他根本没时间也没心思来批阅小王出国这类材料。离出国的日期越来越近,小王有些着急,他以为是小菲从中作梗,便在中午吃饭时找了个借口与小菲吵起来。小菲当时保持高姿态,没有与小王对吵,但在心里留下了疙瘩。当天下班时,总经理把小王的材料批下来,并让小菲通知小王来总经理办公室,他有些事要向小王了解。通不通知小王?因为小菲完全可以说小王可能下班而找不着他了;如果通知他,又如何通知他?让他直接去总经理办公室,他毫无思想准备,有可能什么也说不清。小菲最后决定还是先让小王到自己办公室来一下,把总经理的意思先跟他说说,让他有个思想准备。小菲觉得,虽然小王对自己有些不恭,但那是出于工作的原因,并不是他人品很坏。作为总经理秘书,自己应该用高标准要求自己,在处理人际关系时不能斤斤计较。如果自己很友善地对他,那他在感受到自己的善意后也会友善地对待自己。

2. 理解感情产生的复杂原因

秘书都有过"爱恨交加"的经历吧?各种感情交融在一起,可能有悲伤,也可能有快乐,还可能有其他各种看上去互相矛盾甚至完全对立的感情。那怎样才能准确地判断感情的真实性质呢?

小安的新上司是公司负责研发的副总,不仅是个典型的工作狂,而且非常霸道,向小安交代工作时,总是用一种不耐烦的口气:"打一下这个"或"复印10份"从来不会说"请帮我打一下这个"或"劳驾帮我把这个复印10份"。一开始,小安非常不习惯上司这种封建家长式的工作作风,每次接受工作之后都要在心里嘀咕一句"我是秘书又不是你的丫环",多次产生了辞职的念头,她每次复印完之后,也是把材料往上司的办公桌上一扔。但是,随着接触的增加,她发现这种"霸道型"上司并不是很难打交道。通过仔细观察,她觉得上司心地很正直,从不背后整人。他这种盛气凌人实际上是他内心脆弱的表现,也就是人们常说的"外强中干"。他也不喜欢自己的家长制作风,只是由于某种原因,造成了他的自卑,再加上不善于沟通,所以他才显得很霸道。由于有了这种发现,小安慢慢地理解和适应了上司。对于上司的霸道,小安开始像个朋友一样耐心地对待他。慢慢地,上司对小安的态度发生了改变。他不仅对小安更加友善,而且非常信赖小安。

这样的例子并不是个别现象。由于上司的感情是复杂的,秘书要提高理解上司复杂感情的能力,就要提高自己的洞察力。也许是受一些文艺作品的影响,有的秘书在看待他人时喜欢"脸谱化"。在传统戏剧里,脸谱是一套完整的符号系统,它清晰地表达了人们的价值判断,忠奸善恶、泾渭分明。如果脸上涂的是红色,那就象征忠勇侠义,白色则象征阴险奸诈。所以,不少秘书仅凭上司某些个别的行为甚至只是凭上司的外貌去判断上司是"好人"或者"坏人"。事实上,人的感情是复杂的,人们不可能只凭外貌或衣着来作出正确的判断。

3. 用感情的 What-if 分析法预测未来

What-if 分析法一般是用来制订工作计划和预测结果的,但它也可以用来分析人们的感情,因为人们的感情都是按照一定的规则在运动和变化,只要充分掌握了这些规则运动和变化的客观信息,就有可能对感情进行精准的预测。凡事预则立,不预则废。秘书无论是工作还是与上司和同事相处,都需要有计划和目标,而 What-if 分析法是制订计划和目标的最佳工具,如果秘书能熟练地运用这种 What-if 分析法,将会在生活和工作中获益匪浅。

洪峰最近被安排做总经理秘书,他需要经常陪同上司外出办事。在外出办事途中,他经常要与上司交流。一开始,两人自然会谈一些工作上的事情,接着就是闲聊,活跃气氛。有几次两人都找了各种话题来谈,但是由于双方在阅历、学识、兴趣等方面存在着差异,经常是聊不上几句就到此为止,反而使气氛更加尴尬。这天,洪峰又陪老总到郊区的车间去检查工作。在途中,当上司说起他最近认识的一位客户时眉飞色舞,原来他俩都是桥牌高手,最近搭档打了好几个大满贯。洪峰对这个客户还不太熟,更不知道大满贯是什么意思。要是在往常聊别的话题,他一开始还会装作有兴趣,不时搭上一两句说"噢——"或者"是吗"。但洪峰对桥牌一窍不通,现在该怎么办?

洪峰想起了"不懂就问"这句古训,于是他想问:"老板,不好意思,我想问一下无将是什么意思?"可是,自己这么问上司,那上司会不会觉得自己无知而看不起自己呢?洪峰用 What-if 分析法预测了一下,觉得这种情况出现的可能性不大,因为桥牌并不是一项像麻将一样在大众中很普及的运动,自己不会打桥牌上司完全可以理解;相反,自己向上司请教如何打桥牌,在这种无聊的时候完全可以满足他"好为人师"的感情需求。所以,洪峰大胆地问:"老板,不好意思,我想问一下'无将'是什么意思?"听洪峰这么一问,老总有些意外,但是,他马上又被洪峰这种难得的直率而感动,这样他就说得更起劲了。这样,不仅双方的交流更顺畅,而且洪峰又掌握了一些新的知识。

当然,预测感情的变化并不会这么简单,但感情的变化都是这样有规则的。秘书在工作中运用这种 What-if 分析法,不仅可以预测他人感情变化的结果,更重要的是,在预测结果之后,知道自己应做好哪些相应的准备工作以应对这种结果的出现。

四、丰富社会常识

丰富的社会常识是理解感情的基础。比如,董超经常陪董事长谈生意。董事长六十多岁了,喜欢在公司对员工说"时间就是金钱",可是见到客人后,特别是见到年纪较大一些的客人后,他就天南海北,人世沧桑,与对方聊个没完没了,似乎没有一点时间观念,这让董超很不理解。其实,这就是董超缺乏相应的社会常识的缘故。在董事长看来,合作要成功,就要先了解对方的心态,营造一种和谐的氛围,否则双方在洽谈中容易出现唇枪舌剑、针锋相对的局面,从而增加合作的难度。所以,董事长会花大量的时间与客人"闲聊",以了解对方的心态,并营造一种和谐的氛围,从而使双方的合作在最后"水到渠成"。

对于秘书来说,了解当前社会的潜规则很重要,社会的潜规则可以说是社会常识的一个重要组成部分。所谓"社会潜规则"是相对"社会显规则"而言的。"潜"是指在水下,"规则"是人们都必须遵守的东西,"潜规则"就是指那些不能在公开场合讨论而人们又必须遵守的行为规范。比如,在公司里,男性上司吸烟是很正常的,但女秘书如果吸烟就会被视为"另类",同事们会对她"敬而远之"。为什么上司(也包括其他男同事)吸烟能被大多数人接受而女秘书吸烟就不能被接受呢?这就是潜规则在起作用。类似这样的潜规则是一种职场风俗习惯,它是职场文化长期积淀的结果。它既不是某一个人规定的,也不会因某一个人的不习惯而改变。它虽然不像社会显规则写得那么明确,也没有那么大的强制性,但是它往往更能左右人们的行为,触犯了它,会比违反社会显规则的后果还严重。所以,秘书应对社会潜规则有一定的了解。

思 考 题

1. 你理解感情的能力如何?它有什么样的典型表现?
2. 你如何看待一些同学考试作弊的行为?为什么?
3. 你在处理问题时是不是喜欢做预案?为什么?
4. 你的表达能力如何?为什么?

第五章 秘书调整感情的能力

(1) 熟悉调整感情能力的基本内容;
(2) 了解调整感情能力对做好秘书工作的意义;
(3) 知道如何在日常工作中发挥调整感情能力的作用;
(4) 掌握在日常工作和生活中提高调整感情能力的方法。

调整感情就是为了有效地调动对方的感情使之采取适当的行动,对自己的感情进行调整的能力,无论你面对的是一种什么样的感情,你都能接受它,在理解的基础上选择最合适的方式采取相应的行动,以取得最好的效果。

第一节 调整感情能力概述

一、调整感情能力的典型表现

调整感情能力强的秘书能正确把握自己与上司的关系,根据需要迅速将自己的感情调整到合适的状态;即使面对变得非常不理智的上司,他们也能根据自己的工作目标很快作出最适合的判断,并作出最有效果和影响力的行动。因此,他们不仅能维持与同事良好的关系,而且能充分发挥自己的聪明才智,工作效率非常高;而调整感情能力不强的秘书则经常成为自己情绪的俘虏,他们经常会不顾目标而去争一口"气"或一点"面子",所以,他们经常引起上司和其他同事的不满和反感,因此,即使他们的工作能力很强,他们的才能也难以发挥,在职业发展的道路上很难取得大的成绩。

秘书调整感情能力的典型表现,见表5-1。

表5-1 秘书调整感情能力的典型表现

秘书调整感情能力强的典型表现	秘书调整感情能力弱的典型表现
即使环境很混乱也能集中精力工作或做自己想做的事情	感情很混乱,经常出现手脚不听大脑指挥的现象
对出现的各种意外情况都很坦然,做到心平气和	情绪变化无常,时热时冷
能虚心接受上司和同事的批评	听不进上司和同事的批评
为人积极热情,又能理性地思考问题	要么因过于理性而让人感到太冷漠,要么因过于热情而让人感到轻浮
积极乐观而又有自知之明	经常抑郁,忌妒心强

二、调整感情能力强的两大特征

1. 善于自我激励

人们日常工作和生活中的各种言行都是感情支配的结果,对现实是保持一种积极的心态还是消极的心态,它会导致人们做出迥然不同的行为选择。调整感情的能力可以说就是一种管理感情的能力,它在管理感情的过程中,能把人们的感情向积极的方向调整,使人们的心情变得快乐起来,从而积极向上,具备强烈的上进心;这种上进心能给人们带来强大的精神动力,让人们在身处逆境时也能自我激励。

如果秘书保持一种积极的心态,那么他在工作中就会精益求精,会去战胜各种困难,会努力去创新。相反,如果是抱有一种消极的心态,秘书就会产生抱怨上司没本事、公司环境太差等负面情绪。这样,在工作中首先就会产生畏难情绪,当然,也就不会有实际行动了。

秘书在日常工作和生活中,总会遇到各种困难和挫折,如工作出错挨上司批评、家庭成员生病、失恋,等等。面对困难和挫折,利用感情能力不强的秘书很容易心灰意冷;一旦心灰意冷,他们看到的就只是困难或挫折造成的后果,于是,他们就会放弃自己既定的工作目标,总是把目光盯着眼前的事、不顺利的事或麻烦事上面,结果造成想象力萎缩,无法发挥自己的实际能力。比如,有些秘书受到上司批评之后,就觉得自己职业发展前途一片灰暗,于是成天想着跳槽换工作。由于他们不能自我激励,便放纵自己,有意让失望吞噬自己的意志,最终让"职业发展前途一片灰暗"变为现实。因此,秘书必须学会自己激励自己。

那些调整感情能力强的秘书都善于自我激励,他们让自己保持一种奋发向上的状态,而且能给周围的人以积极的影响。如果仔细观察自己周围那些职业发展比较成功的秘书,人们就会发现他们的感情具有共同的特征:心态积极、向上、健康;"我能"、"我一定要试试"是他们的口头禅。

小郭是某软件开发公司总经理办公室的秘书。前些天她刚换了上司,一个刚从美国某知名大学毕业的"海龟"博士。上司上班的第二天,就让小郭在一个星期内给他提交一份本公司产品的市场分析报告。这类报告小郭过去写得太多了,所以,只用三天的时间就把报告写完了。

一看报告,上司就把眉头皱紧了:"你的报告里用了这么多'大概'、'也许'、'差不多'之类的词,情况都是那么含混不清,我怎么可能根据它们做决策?"

小郭说下次"注意",但在心里嘀咕过去大家都是这么写的,就你事多,看来还不了解国情。

上司又问:"你第五页上那么多平均数,它们是加权平均还是算术平均?"

"加权平均和算术平均是什么意思?"小郭反问,因为她过去从来没听说过这两个词,她的这些数据都是从网上下载的,她并不知道它们到底是什么意思。

"你连加权平均和算术平均是什么意思都不知道?"上司似乎感到有些不可思议。

从上司的办公室出来后,小郭感到很惭愧。虽然她是学中文专业的,平时最怵数学,但她还是决定自学统计学。不到半年,她就完成了基础统计学课程的学习。

2. 能忍辱负重

调整感情的能力有一种特别的功能,就是在人们的感情受到严重伤害的情况下,它能帮助人们迅速恢复平静的心情,让人们按照既定的目标前进。只要是从事秘书工作,就难免不受上司的批评甚至责骂。那些调整感情能力强的秘书在受到上司的批评甚至责骂后,都能迅速地自我调节感情。不管上司用什么样的语言责骂他们,他们都不太注重上司的一些个别言辞。相反,更多的时候他们会这么想:上司责骂自己,实际上是他信任自己的表现,是希望自己更加进步;如果自己在上司眼里不值得一提,那他也就不会在百忙中抽时间专门来批评自己。因此,调整感情能力强的秘书在挨上司责骂之后不会郁闷太久,调整感情之后就会从自己身上找原因,及时改正,这样自己今后就不会在同样的事情上犯错误了,所以,他们在旁人眼里显得特别能忍辱负重。而事实上不少上司责骂秘书,是因为秘书在工作上出了问题,他们往往是对事不对人。有些秘书把上司这种工作中的批评看得太重,挨骂之后就对上司心存芥蒂、耿耿于怀;轻则一整天心情不好,重则从此精神委靡不振,破罐子破摔。

小蓉是某世界500强亚太地区的总裁助理。这天下午她陪总裁到北京郊区拜访国企老总王根生。这事在一个月之前就定好了,1:30上车之前她又与王总的秘书进行了确认。

"你好!"小蓉跟前台打招呼,"我们是××公司的,与王总约好2:30见面。"

"不好意思,我们王总外出办事了。"前台小姐彬彬有礼地回答。

"什么?"小蓉几乎不相信自己的耳朵,但是,她很快镇静下来,迅速拨打王总秘书的手机,可对方已经关机。

没办法,只好下楼打道回府!一出对方大门,总裁就朝小蓉破口大骂:"你是不是猪脑子,居然把事情办成这样?"一向温文尔雅的总裁也口不择言。

从小到大,小蓉什么时候受过这种辱骂?她气愤地顶了一句:"人家突然变卦,怎么能怪我?"

"不怪你怪谁?难道还怪我!"总裁气愤得也毫不讲理了。

回到公司,小蓉就提出了辞职⋯⋯

小蓉成了替罪羊,她受的委屈确实值得同情。但是,受了委屈就马上辞职,说明她调整感情的能力不强。一向温文尔雅的总裁为什么会这么反常呢?其实,对小蓉来说,这并不难理解。这件事一开始,总裁觉得自己是世界500强企业,登门拜访濒临倒闭的国企就已经是屈尊了,现在再吃闭门羹,他能不怒火万丈吗?因此,他自然要找个对象把万丈怒火发泄出来。他该朝谁发泄自己内心的怒火?此时此地,小蓉当然是他发泄的最佳对象。因此,总裁这种破口大骂,主要是冲着王总来的。所以,小蓉只不过是王总的替罪羊。也就是说,虽然这事小蓉要承担一定的责任,但总裁并不是有意来侮辱她的人格。如果小蓉调整感情的能力强,她就不会计较上司的粗话,而会立即向总裁道歉:"对不起,是我工作失误!"这样,一场上下级之间硝烟弥漫的大战就戛然而止了。

三、秘书提高调整感情能力的意义

1. 平衡理智与感情之间的关系

管理好自己的感情就是调整和平衡好自己的理智与情感这二者之间的关系。在人们的感情中包含了自己的价值观等重要信息,如果人们排除感情的作用,那就难作出正确的决策。人们只有平衡好理智与情感这二者之间的关系,才能采取正确的行动,而调整感情的能力可以帮助人们实现理智与感情之间的平衡。人们在日常工作和生活中,既要做到积极热情,又要能理性地去思考问题。

因此,调整感情能力强的秘书都善于平衡感情与理智之间的关系,他们不会因过于理性而让同事觉得他们太冷漠从而敬而远之,也不会因过于热情而让上司和同事觉得他们"没心没肺"、不可靠。在一些特殊情况下,如果他们做不到感情与理智的平衡,那他们就会让感情服从理智,以保证工作目标的实现。

公司总裁办秘书吴燕的男朋友是公司市场部宁强。他俩的恋爱也早已到了谈婚论嫁的程度,并准备在明年春暖花开的时节定百年之好,但由于公司不允许员工之间谈恋爱,所以他俩的关系在公司内部尚无人知晓。

这天上午公司开会,讨论人事问题,吴燕来到会议室为大家添茶。

"最近香港分公司的王军病得很厉害,那里的经理来电话让我们赶紧派人去顶替王军……"人力资源部的刘经理说。

"派市场部宁强去如何?他还没有结婚。"公司一位副总这样提议。

"我看可以。"公司总裁说:"那就这样定了吧,这个月底就发调令,让他过去。"

人力资源部的刘经理马上回答:"行!我们在月底前给宁强办好调令。"于是宁强去香港工作的事就这样定下来了。

这天下班后,吴燕和宁强又在那家幽静的小酒吧里约会。"我想我们明年春天最好还是去新马泰……"宁强说着,递给吴燕一本精致的新马泰旅游小册子。他的目光清澈纯真,脸上显着红晕,此时他已深深陶醉在蜜月旅行的幸福之中。公司有规定,除非出差,公司外派人员半年之内不得回京探亲,即使过不惯外地的生活,也必须忍耐。吴燕当然知道这些,所以,她感到十分苦恼。不仅明年春天结婚的计划可能泡汤,即使结了婚也得忍受两地分居的煎熬。吴燕稍微思考了一下后说:"好,我俩就去新马泰旅游!"吴燕看上去很平静,其实此时此刻她内心非常痛苦,因为她用理智强行压抑了自己的感情。

如果吴燕不用理智强行压抑自己的感情，把宁强即将调动的事告诉他，那会出现什么后果呢？宁强就有可能把自己调动的事透露给自己非常要好的张三和李四。对于只有工资收入的一般职员来说，人事问题是一个相当敏感的问题，特别是去香港，在一般人眼里是份肥差；如果张三李四知道了宁强要调到香港去工作，那么，事情迟早会传到人力资源部经理的耳朵里去。调令还没有发，可调动的事已成了公开的秘密，这对于人力资源部经理来说，肯定是一件恼火的事。于是，他会把宁强找去问个究竟。纸是包不住火的，这样宁强会把自己与吴燕的关系说出来。那样，吴燕不仅不能在总裁办工作，就连饭碗保得住保不住还是一回事……

瞒着宁强不提他调动的事，这是一个正确的选择，但是，这也是一种无奈和痛苦的选择，因为这对他俩的感情都造成了伤害。的确，对于像吴燕这样的女性来说，爱情的地位仅仅次于生命，特别是结婚关系到一生的幸福。如果吴燕在这个时候还不把实情告诉自己的未婚夫，这可以说是一种欺骗，甚至是对爱情的背叛。但是，这并不是件单纯的私事，因为吴燕是在工作期间知道的，宁强的调动也属于工作范围。作为公司的秘书，在权衡工作与个人感情的时候，最理想的状态是既完成工作，又不伤害感情，但现在吴燕无法平衡工作与感情之间的关系，因为即使宁强只是个普通的职员，也可能因提前泄露消息给公司造成不良后果，在现实生活中，无论哪家公司都不能容忍人事机密的泄露，所以，她必须以工作为重，以公司的利益为重。

2. 平衡短期目标与长期目标之间的关系

人们在工作和生活中通常会设置许多目标，有长期目标，也有短期目标。人们对每一个问题的处理都会在微观上（或短期）和宏观上（或长期）造成相应的后果。在这个市场急剧变化的时代，有些事情从微观来看是有正面效果，但从长期宏观角度来看，效果则是负面的，因而是得不偿失的。如果一个问题的处理因带来微观的利益而影响宏观的利益，那就是一种短期行为。由于人们的短期目标与长期目标往往不一致，甚至是矛盾的，所以，我们的先人有"饮鸩止渴"的说法。饮鸩止渴的意思是一些人为了短期目标不惜牺牲长期目标。对于那些重要而且长期的目标来说，它需要人们长期艰难的奋斗；即使人们尽了最大的努力，如果中途出现意外因素，长远目标仍然有可能实现不了，因此，很多人采取了"今朝有酒今朝醉"的实用主义的人生态度。比如，一些人心情郁闷时，就会去喝酒抽烟，他们也知道，喝酒抽烟不利于身体健康，但为了让自己的心情在短期内变得轻松起来，他们只好这么做。但是，那些调整感情能力强的人为了实现自己的长期目标，会控制自己的一些短期行为。当他们面临两难抉择的时候，他们会选择长期目标。

一个正确的决策应该实现长期目标与短期目标效果的统一，而且都是积极的。因此，那些调整感情能力强的秘书会尽量追求长期目标与短期目标的一致性，如果长期目标与短期目标不能统一，那他们就会选择长期目标而放弃一些短期目标。比如，他们在处理一些人际关系时，都会从长计议，既会考虑自己当前的实际情况，又会考虑双方未来关系的需要，而这种"未来"不是一年或两年，而是五年甚至十年。所以，他们为人热情，而不只是顾及自己眼前的工作随便应付了事。

3. 控制冲动行为

人在心情不好的时候容易发怒,会对他人发起语言上甚至肢体上的攻击。特别是年轻人,大多血气方刚,容易冲动,对他人的攻击性很强。一些人可能认为自己心情不好时通过发泄自己的愤怒,心里就会舒服一些,但这样做就有可能让自己失去冷静,最后做出让自己追悔莫及的事来。容易冲动实际上是调整感情能力不强的典型表现。提高调整感情的能力,能帮助人们控制自己的冲动行为。

秘书大多年轻,难免有意气用事的时候。由于秘书是一个敏感的角色,又处于特殊的位置,如果意气用事,就有可能引起连锁反应,造成无法控制的局面,所以,那些调整感情能力强的秘书在工作中都善于控制自己的情绪,他们就像驾驶新手一样牢记那条交规:"暂停六秒,不抢一秒!"

小娅是公司销售部经理的助理。进公司快一年了,她觉得上司还没给她安排有含金量的正式工作,总是让她打杂,这让她感到非常窝囊。昨天下班之前,上司叫她今天一上班就将一批样品发出去。上司说完之后,她马上给快递公司打电话,让他们今天九点一上班就来取件,对方也答应了。今天一上班,她又打电话叫快递公司的人来收件,对方答应马上就到,可到了10点多还没来,她又打了个电话去催,快递公司的人答应10分钟左右就来……结果到了11半点样品还没发出去。中午,上司开完会回来,见东西还没有发走,就朝她发火说:"怎么搞的?这点东西还没发出去?"小娅解释说自己已打了好几次电话,谁知对方办事竟这么拖拉。不料经理根本不听她解释,说话口气很凶:"他们不来你就没办法了?把样品就这样放着啊?你动动脑子可不可以?北京城这么大,就他们一家快递公司?你就不会找别的公司吗?"事情办成这个样子,小娅自己也窝火,见上司不仅不谅解,反而这么训她,所以她既委屈又生气:"我打这么多个电话,快递公司的人还是不来,我能怎么样?找别的公司?找别的要是费用高了,到时候你又会说为什么发货那么贵!"说着说着,她就沉不住气了,反而冲经理发起脾气来,"老板!你叫人做事情,就该相信人啊!不相信别人又不放心,那以后你自己做好了!"听她这么说,上司就更凶了:"行!我会马上通知人力资源部,今后你就什么都不用干了!"上司用炒鱿鱼来吓唬小娅,以为她会害怕,没想到她气更傲,嗓门更大了:"不用你炒!我还不想在这里打一辈子杂呢!"当天下午小娅就接到人力资源部的辞退通知。当小娅想到自己明天不能来这里上班时,她开始后悔自己上午太冲动了。

如果小娅调整感情的能力很强,在上司问她样品为什么还没有发出去时,她就会马上向上司道歉:"实在对不起!样品没有及时发出去,是我工作失误造成的,下次我一定注意!"于是,本来是一场硝烟弥漫的办公室战争有可能就这样消弭于无形。

4. 积极面对现实

如果人的心情不好,那他就会产生逃避现实的愿望,抱着"做一天和尚撞一天钟"的态度过日子,并且开始拖延,这样,就会对他的未来产生严重的负面影响。比如,有些秘书心情不好,就会给自己找借口拖延,本来该今天整理好的文件拖到明天去做,该这个星期下发的会议通知拖到下个星期去发……采取逃避或拖延的态度,这是一个人调整感情能力不强的典型症状。

那些调整感情能力强的秘书都能将自己的感情与理智有机地融合起来,使自己的行为更理智。他们树立了长远的工作和生活目标,并努力地朝那个目标奋斗,他们会觉得当下的工作和生活都非常有意义,对自己的未来非常乐观。由于他们觉得现在的工作和生活非常快乐,所以他们能为实现目标而努力地工作,这样他们的未来自然就是光明的,从而能做到心想事成。因此,当他们感到心情压抑而又不能及时调整好的时候,那他们就会仔细地反思和检查自己的感情,将感情与理智融合起来,将它们作为信息来源加以利用,最后成为调整自己感情的依据。

第二节 秘书控制情绪的能力

很多人在听到"情商"这个词时,首先想到的就是"调整情绪"。

一、情绪的一般概念

1. 情绪与感情的关系

情绪与感情一样,也是客观事物发生变化在人们内心世界引发的体验。虽然感情与情绪没有本质上的区别,但它们还是有不同之处。感情是那些与社会需要联系的内心体验,如爱情、友谊、荣誉感、责任感等,它带有很大的稳定性、深刻性和持久性,不会随情境的改变而轻易转移;而情绪则是那些与生理需要相联系的内心体验,如高兴、生气、痛苦、憎恶等,它带有很大的情境性、激动性和暂时性,常是由某一时刻、某些特定情境引起,时过境迁,就会转移,所以极不稳定。感情的表现形式比较内隐、含蓄,常以内心体验的形式存在,始终处于意识支配的范围内,如对真理的热切追求、父母对子女的疼爱等,它们往往埋在心底,不轻易外露,而情绪的表现形式具有明显的冲动性和外部表现,如快乐时笑逐颜开,愤怒时咬牙切齿。

感情是高级的复杂的内心体验,是人所特有的心理现象。情绪则比较低级、简单,不仅是人类所具有,动物也常发生。当然,人所发生的情绪和动物情绪是有本质区别的,人的情绪受到社会生活条件和文化教养的制约。

感情作为比较稳定、深刻的态度体验,它从根本上影响着情绪的表现。人的感情总是在各种不断变动着的情绪中得到表现,离开了具体的情绪,人的感情则无从表现。一个人的情绪在各种情境中的不同变化,一般都受到其已经形成的感情的制约。

2. 情绪的分类

人们的情绪可分为积极情绪和消极情绪两类。积极情绪是指环境变化对人们的情绪带来的正面影响,如快乐、高兴等,它往往是伴随着接近的行为产生的;而消极情绪是指环境变化对人的情绪所造成的负面影响,如痛苦、悲伤、愤怒、恐惧等,它往往是伴随着回避行为产生的。

积极情绪具有支持应对、缓解压力和恢复被压力消耗的资源这三种适应功能。积极情绪能拓宽人们的注意范围和提高行动效率,还能明显地影响人们的思维过程,促进人们高效率地思考和解决问题,对人们的社会行为具有积极的促进作用,大大改善人们的人际关系。消极情绪对人们的作用与之完全相反。但是,适度的消极情绪有时对人们也是有益的,如在适度的焦虑情绪下,大脑和神经系统的张力增加,思考能力亢进,反应速度加快,因而能提高人们的工作效率。当然,过于强烈和持久的消极情绪会对人的健康造成伤害,如不能正确评价自己的行动、自制力降低、工作效率降低等。

3. 情绪状态

情绪状态是指在某种事件或情境的影响下,人们在一定时间内所产生的某种情绪,其中较典型的情绪状态有心境、激情和应激三种。

心境是指人比较平静而持久的情绪状态。心境具有弥漫性,它不是关于某一事物的特定体验,而是以同样的态度体验对待一切事物。心境持续时间有很大差别。某些心境可能持续几小时;另一些心境可能持续几周、几个月或更长的时间。一种心境的持续时间依赖于引起心境的客观刺激的性质,比如,秘书受到上司错误的批评,这种郁闷的心境可能会持续很长一段时间。当然,如果秘书因工作出色而受到上司的称赞,那在相当一段时期内秘书的心境会处于积极、愉快之中。人们的人格特征也能影响心境的持续时间,同一事件对某些人的心境影响较小,而对另一些人的影响则较大。性格开朗的人往往时过境迁不再考虑,而性格内向的人则容易耿耿于怀。人际关系是否融洽、个人健康状况、自然环境的变化等,都可能成为引起某种心境的原因。心境对秘书的工作和健康有很大的影响。秘书保持积极向上、乐观的心境,可以大大提高自己的工作效率,增强信心,对未来充满希望,这些又有益于健康。如果秘书总是持消极悲观的心境,不仅会降低工作效率,对未来丧失信心和希望,也会使自己经常处于焦虑状态,久而久之不利于健康。秘书应保持正确的价值观,树立远大的理想,因为这些决定着心境的基本倾向,对心境有着重要的调节作用。

激情是一种强烈的、爆发性的、为时短促的情绪状态。这种情绪状态通常是由对个人有重大意义的事件引起的。重大成功之后的狂喜、惨遭失败后的绝望等由事件引起的极度兴奋或悲哀,都是激情状态。激情往往伴随着生理变化和明显的外部行为表现,例如,盛怒时全身肌肉紧张,双目怒视,怒发冲冠,咬牙切齿,紧握双拳等;狂喜时眉开眼笑,手舞足蹈;极度恐惧、悲痛和愤怒后,可能导致精神衰竭、晕倒、发呆,甚至出现所谓的激情休克现象,有时表现为过度兴奋、言语紊乱、动作失调。激情状态下人往往会出现"意识狭窄"现象,即认识活动的范围缩小,理智分析能力受到抑制,自我控制能力减弱,进而使人的行为失去控制,甚至做出一些鲁莽的行为或动作。人能够意识到自己的激情状态,也能够有意识地调节和控制它。因此,任何人对在激情状态下的失控行为所造成的不良后果都要负责任。秘书要善于控制自己的激情,做自己情绪的主人。

应激是指人对某种意外的环境刺激所做出的适应性反应。例如,人们遇到某种意外危险或面临某种突然事变时,必须集中自己的智慧和经验,动员自己的全部力量,迅速做出选择,采取有效行动,此时人的身心处于高度紧张状态,就是应激状态。比如,上司在工作中突发心脏病,秘书在第一时间拨打120急救电话,就是应激状态。

应激状态的产生与人们面临的情景及人对自己能力的估计有关。当情境对一个人提出了要求,而他意识到自己无力应付当前情境的过高要求时,就会体验到紧张而处于应激状态。

二、情绪的调节

情绪调节是人们管理和改变自己或他人情绪的过程,在这个过程中,通过一定的策略和机制,使情绪在生理活动、主观体验、表情行为等方面发生一定的变化。情绪调节包括积极情绪和消极情绪的调节。例如,愤怒时需要克制;悲伤时需要转换环境,想一些开心的事情等。情绪调节也适合于积极情绪,比如,当秘书因工作出色,上司以出国培训两个星期作为奖励时,秘书不能表现得过分高兴,以免引起其他同事的忌妒。

成功的情绪调节就是要管理情绪体验和行为,使之处在适度的水平。情绪调节包括削弱或去除正在进行的不适当的情绪,激活需要的情绪,掩盖或伪装某种情绪。所以情绪调节既包括抑制、削弱和掩盖等过程,也包括维持和增强的过程。

第三节 调整感情的方法

调整感情的能力实际上就是将自己的感情与周围人的感情结合起来统筹考虑的能力。

一、坦然地接受各种感情

感情是因为人们周围的世界(也包括人们自身)的变化而产生的,而客观世界又随时都在发生变化,所以,有很多感情如同"不速之客"进入人们的内心世界,因此,它们并不总是受人欢迎的,一些人会想方设法去压抑它们。但是,即使是那些人们不喜欢也不能处理的感情,它们同样包含着一些人们无法忽略的信息。的确,有些感情有时人们必须压抑它或无视它的存在(比如单相思),但是,如果人们养成了抑制各种感情的习惯,就会错失这些情感中包含的信息价值,从而让自己的判断和行动失去客观的依据。

秘书在日常工作和生活中,自然会遭遇各种各样的感情。即使有些突如其来的感情让秘书感到意外和讨厌,也要坦然地接受它。为了能让自己接受这些讨厌的感情,秘书一定要具备相当强的调整感情的能力。比如,这天江枫向上司汇报工作的时候,她的手机收到一条短信。她一看,竟是与自己相爱多年的男友发来的绝情短信,这时,江枫的心情肯定受到了极大的刺激。但是,如果具备相当强的调整感情的能力,她就仍然可以继续向上司汇报工作。调整感情的能力对秘书的工作和生活都非常重要,秘书有必要提高这种能力。

为了自然地接受各种感情,秘书就要在心里保持随时开放的状态。当然,如果在心里对各种感情都保持开放的状态,那进入内心的感情就会"鱼龙混杂",它们既有积极的感情,也有消极的感情,从而有可能给秘书带来很多新的烦恼。比如,孙梅平时非常讨厌别人吸烟,一闻到烟味就难受,可是她的新上司是个骨灰级的烟民。怎么办?她只能学会抑制自己讨厌烟味的这种感情,学会接受这种感情。秘书要做到坦然地接受各种感情,就必须学会接受现实,因为现实中什么事情都有可能发生,随时会使秘书产生各种感情。

二、学会控制感情

调整感情的能力还包括这样一种能力,即当人们因感情受到各种伤害而感到恐惧时,仍然能控制自己的感情。在某种特定的场合出现了某种不合适的感情时,人们会掩饰它,不让它表现出来。感情起着信号系统的作用,如果人们一味地根据感情的信号采取行动,那么感情就不能与理智有机地融合,从而有可能导致感情的冲动。因此,当某种感情在心里出现之后,人们有必要查明这种感情产生的原因。所以,在感情出现之后采取行动之前的一刹那,最好在心里数"一、二、三、四、五、六",即让自己先冷静一下,避免冲动。

1. 在工作中坚持原则

由于调整感情能力强的秘书有稳定的价值观,所以他们清楚在什么情况下,哪些感情对自己是合适的,哪些感情是不合适的;哪些感情在什么情况下是合适的,在什么情况下是不合适的;自己应该对哪些感情保持开放的状态,对哪些感情保持关闭的状态。因此,当内心产生某种感情后,他们会根据自己追求的目标对其进行甄别,如果判断这种感情对自己追求的目标是不合适的,那他们就会及时将这种感情摒弃,以排除它们的干扰。因此,他们在工作中能坚持原则,该无情时就会显得"无情"。但现实中有很多女秘书在工作中不敢坚持原则,所以,她们很容易给上司一种工作态度软弱和不负责任的印象,因而很难得到上司的信任。

小凤是公司总经理秘书。这些天西北的唐总带着一大批人马来访。唐总是公司整个西北的总代理,而西北又是公司下一步重点开拓的地区,所以,公司总经理办公室的人员几乎全部参与了接待工作。

小凤这次的工作重点是陪好唐总的夫人,唐总夫人这次是顺便来北京旅游的。这天吃晚饭时,唐总夫人说起了一件事,她说今天下午在宾馆的商品部里买了一个国外名牌坤包。回到房间后有人认出它是仿冒品。当唐总夫人回商品部要求退货时,对方先是否认是假货,之后又找出各种借口不予退货。因为他们知道客人在宾馆住的时间有限,所以采取拖延战术。

小凤听后非常气愤,吃过饭就提出要陪唐总夫人去交涉。唐总夫人说也就是三千来块钱的事,不要再麻烦了。小凤却坚定地说:"您是我的客人,在北京这段时间您受了委屈就是我的失职。所以,我一定要把这件事处理好。"来到商品部后,对方见小凤只是个黄毛丫头,没把她放在眼里。当小凤说自己是某某公司的员工,而唐夫人是自己尊贵的客人之后,营业员开始重视起来,因为小凤所在的公司有一定的影响力,是这个宾馆的合作单位,也是商品部的大客户。但是,对方还是心存侥幸,说他们经理下班了。小凤知道这只是对方的小伎俩,于是对营业员说:"你们经理下班了,那我明天上班之后还可以来,没关系!不过,我明天上午会向公司行政部的人汇报,说你们这里卖假货!"

见小凤态度这么坚决,营业员只好说要打电话请示经理,几分钟之后营业员回来说"可以退货"。

"不能只是简单地退货!"小凤坚定地说:"我的客户受到了精神损失,按照消费者权益保护法,你们得假一赔十!"

这时唐总夫人说能退货就行了,小凤不同意,说这是"原则"!最终店家还是按小凤的意见了结了这事。

她坚持原则,挺身而出,不仅维护了公司的利益和形象,也显示出女秘书刚强的一面。

2. 正确对待批评

古人说"闻过则喜"。闻过则喜实际上就是调整感情能力的典型表现。无论是谁,在受到批评后情绪都会转向消极,但调整感情能力强的人能很快将情绪调整到积极的方向。秘书工作是一项经验性很强的工作,秘书工作的经验在很多时候就像一层窗户纸,如果不捅破它,单靠秘书自己的摸索很难掌握;所以,秘书必须虚心向周围的人,特别是老同事学习,诚心接受他们的提醒甚至批评。只要谦虚,老同事一般也乐意指导。要能虚心地接受老同事的批评甚至责骂,那就需要有很强的调整感情的能力。如果在工作中老同事对你的工作不闻不问,对你的失误睁一只眼闭一只眼,那就是一种危险的信号。

小冯和小巩是大学同班同学,两人大学毕业后就到公司综合部当秘书,辅助总裁的工作,两人的起点应该是完全一样的。但是在一年之后,无论是工作能力,还是上司的信赖程度,两人的差异就非常明显了。小冯的自我表现欲很强,喜欢争强好胜;而小巩倒像是小冯的秘书,她只做一些由小冯从老总那里转包来的工作。老文是总裁办公室主任,跟总裁快20年了,是总裁名副其实的助手。老文给小冯安排的第一项工作是制订总裁司机的日程表,以便接送总裁。但是,只做了一个星期,小冯就把地点搞错三次,让总裁很不高兴。老文让小冯工作细心一点,可她一口咬定都是司机失误,把责任推卸得一干二净。于是,老文也懒得管小冯了,只安排她打打杂,做一些收发、复印之类的工作,怕她再给自己惹什么麻烦。小巩与小冯完全相反,她虽不太爱说话和表现自己,但工作任劳任怨,能虚心接受老文的批评和建议;遇到不懂的地方,她会主动向老文请教。当她工作中出现失误之后,她会主动地承认自己的过错并道歉。老文觉得小巩是个做秘书的好苗子,将他所有的秘书经验都传授给了小巩。有一次当老文突然请假的时候,总裁对老文说:"那先让小巩代替你工作吧。"对于自己挑选的两个助手,老文一开始对她俩一视同仁,并且对小冯寄予了更大的希望。但是,不到一年的时间,两人的表现已是天壤之别。第二年,老文被提拔为一个子公司的总经理。在交班之前,他向总裁推荐由小巩接替自己的工作,并把小冯炒了鱿鱼。

三、进行自我激励

人们的感情系统随时都在发挥作用,各种感情对人们都有一定的积极意义,最重要的是感情还能给人们以激励。感情永远不是被动的,在所有的感情中都包含着"行动"等要素,感情能刺激人们的行动,人们行动背后的驱动力实际就是人们内心的感情,比如,当你感到恐惧时,你肯定就会想逃跑;当你感到悲伤时,你就会去寻求他人的安慰。为了实现自己既定的目标,那些调整感情能力强的人都善于自我激励。他们能控制自己的情绪,延迟满足和抑制冲动,将精力集中在既定的目标上。如果人们能集中精力进入一种忘我的境界,那他在工作中就会有出色的表现。善于自我激励的人的工作效率比一般的人要高得多。

大多数秘书的生活是枯燥的,他们在狭小的格子间,日复一日"打杂",重复着简单的劳动。因此,他们的感情日趋平淡与乏味是难免的,因而在工作上越来越墨守成规。所以,秘书应该学会自我激励。调整感情能力强的秘书都善于自我激励。善于自我激励可以说是秘书成功的先决条件,因为秘书的一切行为都是受激励而产生的,只有通过不断的自我激励,在秘书内心才会产生强大的动力,朝着自己理想的目标前进。他们都会在心里"期待"和"鼓励"自己。"只要自己努力,这件事我肯定能做成功!"在工作中他们经常给自己以这种期待。当他们成功之后,他们会给予自己鼓励:"如果我再加一把力,我会做得更好!"这样,他们的潜能会越来越充分地发挥出来。为了增加对自己的期待,他们即使在日常工作中也会给自己设置一些挑战。比如,这次给上司写的讲话稿他虽然满意,但不是非常满意。根据上司指出的不足之处,他们会给自己设置新的标准,保证下次上司对自己写的讲话稿"非常满意"。

　　秘书在工作中遇到一些挫折和失败是难免的。失败之后,调整感情能力强的秘书不仅不会自己打击自己,相反,他们会找到自己做对的地方鼓励自己;只不过在鼓励自己之后,应冷静地分析自己失败的地方,重新给予自己期待:"下次遇到这类问题,我一定能处理好!"即使他们在工作中遇到了一些非常棘手的大问题,也会在勇敢地面对的同时,冷静地寻找解决的办法,并鼓励自己:"没问题,绝对没问题!我肯定能把它拿下!"

　　办公室新添置了一台扫描仪。小姣是总经理办公室的秘书,主任交代这台扫描仪由她管理。那天安装人员对她进行了操作培训,当时她似乎也知道如何操作了。第二天来上班后,主任拿来一本杂志,说其中一篇文章很有价值,让小姣把它扫描保存下来。对于扫描软件,她弄了半天也不知该如何操作。看看整篇文章也就五千来字,小姣就只好在计算机上打字。打完之后,她叹息自己天生是个"机器盲"。晚上回家,小姣看到自己不到五岁的小侄子正在自己的计算机上玩游戏,他玩得那么熟练,玩得那么痴迷,她突然意识到:一个幼儿园的小朋友玩计算机都能玩得那么自如,我一个受过正式高等教育的成年人怎么就操作不了一台扫描仪呢?这不是我的能力问题,而是我懒惰与懦弱的表现。第二天一上班,小姣就在自己的计算机上反复操作扫描软件。也就半小时的功夫,她就能熟练地使用扫描仪了。其实,很多办公设备和应用软件看上去很复杂,但只要动手去试,往往会发现使用起来其实很简单。由于会使用扫描仪了,小姣在心里反复对自己说:"我真了不起!""以后什么样的设备对我来说都是小菜一碟!""我还会有更大的出息!"小姣的这种自我鼓励就是调整感情能力强的表现。

四、将感情与客观环境联系起来

　　社会在快速变化,影响人们感情变化的因素也在改变;人们要有效地调整自己的感情,就要敏锐地发现自己所处环境的变化。在现代社会里,那些调整感情能力强的人都对自己所面临的境况有客观清醒的认识,能把握自己感情中的喜怒哀乐,知道从现在起自己应该做什么,应该怎么做,因此,他们不仅大大扩展了自己的事业发展空间,而且事业发展的速度比一般人快得多。

　　调整感情的第一步就是自觉地接受感情,而注意到感情是调整感情的基础。仅仅注意到自己和他人的感情还不够,人们还要对自己经历过的感情给予高度的重视。那么,如何关注自己现在的感情呢?

首先,必须这么问自己:"我现在是一种怎样的感觉?"之后,再问自己下面的问题。

"我现在非常了解自己的感情吗?"

"现在在我心中哪种情绪最强烈?"

"这种感情对我现在的思考有多大的影响?"

"我经历过这种感情吗?"

"这种感情对我来说是很宝贵的吗?"

那些善于处理自己感情并非常清楚自己感情状态的人,他们经常会有意无意地在心里自问自答这些问题。他们能根据自己对这些问题的回答,将自己的心情与自己对所处的客观环境的了解联系起来,从而对自己的感情和所处的环境有更深刻和更全面的认识,为确定(或修正)自己的人生奋斗目标提供坚实的基础。

那些调整感情能力强的秘书能将自己的感情与环境联系起来,把握现实,了解自己所面临的状况,所以他们能根据环境的需要改变自己,以适应客观环境的变化而与企业和上司一起成长。他们像穿山甲一样诚诚恳恳,踏实苦干;另一方面,他们又像狐狸,随时注意周围环境的变化,胸怀全局,勤于思考。而那些调整感情能力不强的秘书不太注意客观环境的变化,不能根据变化主动调整自己的心态,以适应环境的变化,并从这种变化中寻找机会,他们除了抱怨上司,就是抱怨自己的企业。

小康是某机械集团公司总裁办公室的秘书。由于机械加工行业的利润率越来越低,所以,公司决定开发系列纳米产品,以形成新的利润增长点。这天公司召开临时董事会,讨论投资纳米产品项目的问题。由于大多数董事过去都是从事机械加工的,对纳米是什么基本没什么概念,所以,尽管总工程师用原子、电子负荷等理论解释了半天,也没几个人弄明白"纳米"是怎么回事。眼看会议陷入僵局,总裁有些急了。这时,坐在他身后负责会议记录的小康,悄声问总裁能否允许自己解释一下什么是纳米。总裁只好点头,于是小康用非常通俗的语言解析了什么叫纳米和纳米的功效……会议结束时,总裁当场宣布让小康负责整个纳米项目的协调工作。

过去小康对"纳米"这个词也没多少了解,上个月的一天,总裁让她到四楼的研发部取份材料,她说自己刚给技术总监打过电话。技术总监给她的是一份公司开发纳米产品的可行性报告。她习惯性地浏览了自己经手的材料。看完这份材料之后,小康预感到公司有可能要进行这方面的投资,于是,她开始注意收集这方面的信息。小康不仅注意收集信息,而且还充分利用自己工作上的便利,注意跟研发部的工程师们"套磁",如经常开开玩笑聊聊天,向他们请教一些关于纳米方面的具体问题。见总裁办秘书向自己讨教,工程师们自然诲人不倦。久而久之,小康不仅积累了丰富的纳米知识,而且还与从事纳米产品前期研发的工程师们建立了良好的人际关系。这样,当总裁让她负责协调整个项目时,她早已胸有成竹。

让小康负责整个纳米项目的协调工作,看上去是水到渠成,其实,对小康来说实在来之不易。小康是英语专业毕业的研究生,两年前应聘到这家国有企业任总裁办的秘书。一开始她觉得自己能进这样的公司担任这样的职务是很幸运的,有一种"天高任鸟飞,海阔凭鱼跃"的感觉。但不到半年,她就开始厌倦了,因为她平时的工作也只是打杂,如接个电话,取份文件,写个通知等,整天做一些初中生都能做的事。当时她觉得自己很憋屈,几次想跳槽。

一个偶然的机会,小康参加了情商培训。通过培训,她的情商有了极大的提高,特别是她调整感情的能力得到极大的提高。她不再抱怨上司,更不再抱怨环境。她意识到一个秘书不管智商多高,抱负多大,如果不能把握现实,不了解自己所面临的状况,也不肯改变自己,那最终会因不能适应客观环境的变化而被淘汰。从此,她端正了对"打杂"的态度。对"打杂"有了新的认识:不管自己学历多高,作为一个秘书新人,如果连"杂"都打不好,那上司是不会把更重要的工作交给自己的。相反,只要充用发挥秘书的职务优势,就一定能找到发挥自己才能的机会。

五、让感情适应氛围

有时候人们想起某些不愉快的往事时心情会变得好起来,而有时则相反,当人们想起某些愉快的往事时心情会郁闷起来。出现这种情况,完全取决于他们追求的目标。人们会根据环境的需要来选择"心情",有时人们需要保持一种不愉快的心情,而有时又必须将自己的心情转变为积极的心态。也就是说,人们应根据环境的要求,选择合适的方式来表现自己的感情。要做到这一点,就要求人们能有效地整合自己的感情和理智,保持自己感情与理智之间的平衡,既不会因为过于理智而冷漠,也不会因为过于热情而显得随便。但是,这并不意味着人们不能"纵情"。恰好相反,"纵情"有时是一种最合适的选择,人们应当让自己的感情适应当时的氛围。比如,上司与客户在KTV应酬时,作为上司的助手,秘书该唱就得唱,该舞就得舞;当然,当你受到别人的人身侮辱时,也必须懂得保护自己。

不论是在一个公司,还是在一个办公室,多多少少存在一些隐形的小圈子,它的最大特点不是以公司内部职务的高低而形成,而是以爱好、同学等关系形成的。这种办公室的小圈子虽是无形的,但它对人际关系有相当大的影响。如果你进入了这个隐形的小圈子,那么在工作中你往往会得到圈内人一些无声的关照;相反,你不加入这个小圈子,他们就会在工作中给你制造些小麻烦,总而言之,你过于优秀或过于落后,都会遭到他们无形的排斥,你只有随大流。

每个小圈子都有自己的氛围。氛围是什么?按传统定义,氛围是指"充满或笼罩着某个场所的气氛和情调"。也许是因为"氛围"是无形的,往往只可意会,不可言传。由于它充满或笼罩着独特的"气氛和情调",所以,在进入这种小圈子时,它要求人们调整自己的感情状态以适应它独特的"气氛和情调"。那些调整感情能力强的秘书即使不进入这种小圈子,他们在与小圈子的人打交道时,也会调整自己的感情状态以适应这种小圈子的氛围。

又是周末。快要下班的时候,刚刚应聘来公司不久的小琼正准备收拾东西回家,公司研发部的唐龙来到总经理秘书室,他说他们部有四五个人决定明后天去塞外天山洞郊游,问秘书们有没有人愿意去,费用AA制。秘书室有四个年轻人,其他三个几乎是异口同声地说"去",但小琼说:"我听人家说,塞外天山洞没什么意思,所以我不去。"

刚才办公室的气氛还非常热闹,小琼这几句话像盆冷水似的泼了过来,弄得大家非常尴尬,不过,其他三个人还是决定一起去郊游。

慢慢地，小琼发现在公司同事的各种娱乐活动中，自己像被大家遗忘了似的。有时，她老远就听到同事的高谈阔论与肆无忌惮的笑，当她蹑手蹑脚过去，想分享同样的快乐时，原先的热闹与喧哗马上就消失了，有的说了半句的把后半句硬生生地咽回了肚子里。这种隔阂如同一堵无形的墙，让小琼感到很难受。于是，在某一天她悄悄地辞职了。

这一切怪谁？小琼当然可以怪同事们太冷漠。但是，这也是她自己情商不高造成的。如果她调整感情的能力强，那天她就会与大家一起去郊游；即使她实在不想去也不会给别人泼冷水，扫大家的兴，破坏当时的氛围。作为秘书新人，小琼如果想尽快与同事们打成一片，迅速融入团队，就要争取进入"喜欢郊游的人"这个小圈子，与他们保持感情共鸣。小琼那天不想去郊游也可以，但她应这么说："不好意思，我已约了朋友明天一起逛西单"或者"这几天有些累，我想在家歇歇"。这样其他人都能谅解。是小琼的特立独行造成她与同事们的心理距离越来越远。

现在不少秘书在处理人际关系时，往往把注意力全部集中在与上司的关系上。不错，如果与上司的关系搞不好，自然就做不好秘书工作。但是，如果秘书只注意保持好与上司的关系，而不注意保持好与办公室里的其他同事的关系，那同样做不好秘书工作。很多秘书在处理与同事的关系时，往往只凭感觉办事，并没有有意识地去维护这种关系。

思 考 题

1. 你调整感情的能力如何？它有什么样的典型表现？
2. 同学们评价你是个喜欢冲动的人还是个优柔寡断的人？为什么？
3. 你与同学发生过争吵甚至肢体冲突吗？为什么？
4. 你养成了写日记的习惯吗？为什么？

第六章
chapter 6

用情商建立和谐的人际关系

(1) 熟悉处理人际关系的基本原则；
(2) 掌握与上司相处的原则与要点；
(3) 学会与同事相处的方法。

人们要处理好自己的人际关系,关键是在与周围人交往的过程中采取适当的行动,让对方感受到自己的善意而不至于产生误会。要控制好自己的言行,就必须控制好自己的感情。人们的感情容易受外界各种因素的影响而发生变化,它在不同的时候处于不同的状态,不同的感情状态会让人对周围的人采取不同的态度。因此,要让自己的感情随时（至少在工作中）都处于一种适宜的状态,那就必须提高自己调节感情的能力——情商。

第一节 处理人际关系的基本原则

现代职场是由三教九流的人构成的,在一个公司里,有职位高的也有职位低的；有年纪大的也有年纪小的；有男的也有女的；不仅如此,他们在性格、受教育程度、生活阅历、生活环境等方面都存在着差异,因此,每个人看问题的角度很难一样,考虑问题的方法也各不相同；而且,为了升职或加薪,同事之间的竞争是不可避免的,所以,无论是价值观还是个人利益,同事之间总会存在一些矛盾,而各种矛盾又往往是交织在一起的,因此,现代职场的人际关系是错综复杂的。秘书部门是个综合部门,随时都在与方方面面打交道,也需要方方面面的配合与支持,因此,可以说秘书永远处在人际关系网的中央。秘书要很好地处理自己的人际关系,就必须掌握处理人际关系的基本原则。

一、实事求是

　　实事求是不仅是秘书工作的基本原则,也是秘书处理好人际关系的基础。秘书在处理人际关系的过程中,坚持实事求是的原则就是老老实实做人,规规矩矩办事。但这仅仅是建立良好人际关系的基础,它并不意味着一定能搞好人际关系。要搞好人际关系,就必须在坚持实事求是原则的基础上,根据本公司和本部门的实际情况,对具体问题具体分析,有的放矢。

　　有些年轻的秘书以为实事求是就是实话实说,这就是正直的表现。其实这是误解。什么是"正直"? 所谓正,就是正大光明,不搞歪门邪道;所谓直,就是坚持原则,该说的才说,不该说的绝对不说。正直就是公正无私,刚正不阿,所以,那种说话直来直去的人算不上真正的正直。有话直说,只能是经验和能力的体现;如果你还没有具备一定的经验和能力,那就少说为佳。秘书一定要牢记"祸从口出"这句古训,谨言慎行,才能维持良好的人际关系。

　　年轻的秘书应先多看和多听,熟悉情况,适应环境,之后再去动脑筋剖析自己发现的问题,找到切实可行的解决办法,这就是"实事求是"。只有这样,才能让上司和同事们信赖你。

　　小童大学毕业后,到一家民营企业给总经理当秘书。这是一家典型的家族企业,虽然规章制度不少,但执行的并不严格。比如负责采购的是总经理的女婿,他在采购过程中吃供货商的"回扣",这在公司上下已是公开的秘密;由于进货把关不严,经常造成公司产品出现质量问题,但大家都是睁一只眼闭一只眼。小童进公司已经有半年多了,觉得自己作为总经理的助手对这件事不能熟视无睹,于是给总经理递交了一份《如何根治家族企业中的人治现象》的报告。报告洋洋数万言,把总经理的女婿当作反面典型。总经理接过报告之后翻了几页,就把它塞进了抽屉。没过几天,公司产品又因原料问题导致客户退货。在处理完这件事之后,小童对总经理再次提起了他的那份报告,但他没料到总经理反而怒气冲冲地问道:"这个公司你是老板还是我是老板?"由于老板的不支持,再加上同事们嫌他"多事",小童只好自动辞职,另谋工作。

　　其实,无论哪个公司都有阳光的一面和灰暗的一面,没有不存在问题的地方,这是辩证法决定的。所以,如果你一看到公司里的阴暗面,就马上高谈阔论,用书本上的理论来指点江山,那多半是自讨苦吃。书本上的理论往往只是一般性的原理,而公司里的问题多是个别现象,你不可能照搬书本上的那些一般性原理来解决公司的实际问题。用书本上的理论来解决本公司的实际问题,需要有一个长期的学习和探索的过程。尽管你精神可嘉,但你违背了实事求是的原则;所以,你那些空洞的不着边际的"理论"久而久之就会让同事反感,因此破坏你与他们的关系。

二、诚实守信

　　秘书要做好本职工作,就必须取得上司和同事的信赖。那么,上司和同事凭什么信赖你呢？只有诚实守信！如果你诚实守信，同事就会信赖你，你在公司就会拥有和谐的人际关系，这会让你在工作中事半功倍。相反，如果你言而无信，同事就不会信赖你，你与他们的沟通就会很艰难，甚至要付出额外的代价。可以说，能否做好秘书工作，与秘书在公司里有没有人缘有很大的关系。

公司有一笔很大的货款收不回来，财务部说是销售部的责任，而销售部说是财务部不负责任造成的，公说公有理，婆说婆有理，这事一拖就是大半年。这天老板让秘书小菲去协调一下，争取尽快解决问题。小菲平时人缘不错，与各部门经理的关系很好，所以，当她把两个部门经理找到会议室时，她还没开口，那两个经理就知道是怎么回事了。销售部经理对小菲说："小菲，你不用多说了，冲你的面子，我马上派人去用户那里结账。"财务部经理也马上说在开票等方面给予配合。虽然这两位经理并不一定相信小菲的调解会很合理，但他们都信得过小菲，所以，不用小菲多说，他们就自己想办法解决问题了。

假如小菲平时狐假虎威，没有和谐的人际关系，场面可能会是这样：两个经理一见面，仍然是吵个脸红脖子粗。小菲秉公而断，两个经理虽然心里承认她说得有道理，但就是不接受。

有些年轻的秘书不愿意也不会掩饰自己，他们初生牛犊不怕虎，敢想也敢说，这么做固然勇气可嘉，但由于他们不知道自己所处位置是何等的重要和敏感，所以，他们的敢想敢说常常被人利用，让人当枪使，最后搞得自己很被动。因此，秘书为人既要诚实，又要学会明哲保身。

三、与人为善

与同事建立良好的人际关系，互敬互信，这不是一朝一夕能做到的。长期相处共事，总有说话不注意，做事不到位的时候，因此，在同事之间出现一些误会和矛盾是难免的。有些年轻的秘书一遇到点误会或发生点矛盾，就会马上对同事失去信心，变得心灰意冷，甚至怀疑对方的人品，无限上纲上线，以为对方有什么企图或用心，于是最后决定以牙还牙，这样，双方的关系很快就变僵了。因此，作为秘书一定要与人为善，宽容大度。与同事产生误会甚至矛盾，自己应该迈出第一步，主动想办法来化解矛盾。只有这样，对方才会更加信赖和敬重你，彼此的关系才会更加紧密。如果出一点事就垂头丧气，经不起挫折，怨天尤人，那么秘书的人际关系肯定是一团糟。

四、从我做起

人际关系从字面上理解，是你与周围的人的关系，所以，有些秘书觉得自己的人际关系搞不好就是因为周围的同事很坏。其实，每个人的人际关系的好坏首先取决于自身。

影响双方人际关系的主要是双方的言行，而你的一切言行，事实上都要先通过你自己这一关。如果没有你自己的同意，那你就不会说话，就不会做事，所以，你要与同事建立一个什么样的关系，也是由你自己决定的。也就是说，你想做一个什么样的人，你就会把自己"雕塑"成什么样子，就会按这个样子去与周围的同事建立关系。所以，你应该为自己人际关系的好坏负全部的责任。如果你总是抱怨公司的同事心胸太窄、性格古怪，不但于事无补,反而可能使人际关系变得更糟糕。

　　因此,要搞好人际关系,首先要从我做起,调整好自己。自己身上有哪些优点?哪些缺点?如果对自己有了充分的认识,那么就为建立良好的人际关系打下一个坚实的基础。如果你先调整好自己,在对自己有充分认识的基础上充满自信,那你就有可能与周围的同事建立起和谐的关系。

　　从我做起,说起来容易做起来难。有些秘书喜欢以自我为中心,总认为自己非常了解自己,不愿意花时间进行自我反省,不仅从不怀疑自己身上有缺点,而且也从不去发现同事身上的优点,因此,他们处理不好自己与周围同事的关系就不难理解了。

　　还有些秘书总是习惯用高标准要求同事,却很少用高标准要求自己;心里总是想着别人如何不对,很少反省检讨自己。如果你希望与同事搞好关系,随时用高标准要求自己,事事从我做起,那你的人际关系自然会变得越来越好。

　　你尊重同事,同事才会尊重你,这就是"敬人者人恒敬之"。很多人知道这个道理,但是在实际工作中却常常这样想:"为什么要我主动?他就不能主动?如果我主动了,他不买我的账,那我多没面子!"自己总是站在那里观望,等待同事主动。其实,只要你积极主动,从我做起,以诚相待,即使对方一时不买你的账也没关系,日久见人心,同事之间互相尊重的氛围自然会逐渐形成,人际关系自然而然地会变和谐。同事之间的关系就像一面镜子,你笑容可掬,对方自然会用笑容回馈你。

五、不卑不亢

　　无论什么样的公司,在组织结构上都呈金字塔形,职位有高低之分,因此也就存在事实上的尊卑之别。但是,这种"尊卑"并没有人格上的意义,它只是管理和效率的需要。尽管公司职位存在等级,但秘书在处理各种人际关系时,仍然要做到不卑不亢;只有这样,才能维持良好的人际关系。所谓不卑,就是不刻意去讨好上司;如果刻意地讨好上司,实际就是不诚实的表现,何况上司大多社会经验丰富,警惕性极高,不会那么容易被你"讨好";所以,刻意讨好上司反而不容易建立起正常的关系。只有实事求是,上司才会欣赏你,即使不被理解,也是暂时的。所谓不亢,就是不要觉得自己多么了不起,对各部门的同事甚至清洁工、送水、送快件的人都要给予尊重。秘书在一些同事眼里是"一人之下,万人之上",但实际上秘书的职位并不高。为了执行上司指示,秘书手上会有些"权力",但这种"权力"毕竟不是自己的,更何况有权也不可以乱用。

　　坚持不卑不亢的原则,就是要求秘书无论是对上司还是一般的同事都要一视同仁。有些秘书一看见上司,心中就有些紧张甚至害怕,因此,说起话来吞吞吐吐,不敢畅所欲言。但是他们见了搞收发或做卫生的"小人物",又觉得自己相当了不起,因而看不起他们,有时还故意刁难他们。这些做法会极大地破坏自己的人际关系。

　　在实际工作中,一些秘书为了维持良好的人际关系总是夹着尾巴做人,到处讨好人,生怕得罪任何人;实际上这同样会让同事反感;在他们看来,你这是一种虚伪而缺乏诚意的表现。

第二节 与上司之间的关系

一、全面了解上司

1. 了解的范围

要与上司保持良好的关系,秘书首先就要了解上司。作为助手,秘书至少要了解上司的工作内容、性格特征、工作习惯、价值观、社交范围及一些家庭私事。

(1) 工作内容

作为上司的助手,秘书要了解上司的职责范围和权限。秘书不仅要了解上司的工作内容,还应熟悉本公司各职能部门的分工和责任,清楚知道谁、在哪儿、负责什么样的业务等;只有这样,才能在工作中根据实际情况,迅速地采取对应的行动,熟练地完成文件、传真、电话等交流,高效率地辅助上司的工作;也只有这样,秘书才能在日常工作中根据上司的职责范围和工作重点的需要,积极主动地做一些准备工作。如果你的上司是负责技术开发工作的公司副总经理,那么,你就要了解公司目前有哪些开发计划、在和什么公司进行技术合作等方面的事情;上司要出席公司内外哪些会议;上司所负责部门的运营和管理的情况;上司在人财物等方面到底有多少权限等。

(2) 性格特征

性格特征是一个人个性的外在表现。人的性格特征也就是所谓的气质,一般分为四种类型,即胆汁质(兴奋型)、黏液质(安静型)、多血质(活泼型)和抑郁质(弱型)。

属胆汁质的人性格特征一般表现为情绪反应强烈,如果你的上司属于胆汁型,那他在工作中表达直率,喜欢随意发表意见,脾气急躁,行动草率。

属黏液质的人性格特征一般表现为情绪反应稳定。如果你的上司属于这种类型,那他在工作中很自信,不会轻易下结论,不容易受到影响,也不喜欢秘书过于干预自己的工作。

属多血质的人性格特征一般表现为情绪外露,如果你的上司属于这种类型,那他在工作中适应性强,喜欢与秘书交流,对新奇时尚的东西感兴趣。

属抑郁质(弱型)的人性格特征一般表现为情绪变化很慢,如果你的上司属于这种类型,那他在工作中观察细致入微,不愿轻易发表建议,不容易做决定。

(3) 工作习惯

企业领导人因为职位、经历、年龄、性格等方面的不同而表现出不同的工作习惯,对秘书来说,他们大致可分为独裁型上司、理论型上司、民主型上司、放任型上司和自由型上司这几种类型。秘书只有先了解上司的工作习惯,才能为上司提供相应的辅助工作。

(4) 价值观

上司也是普通人,也有个人的喜怒哀乐,所以,作为秘书,一定要了解上司的价值观。只有这样,你才能了解上司真正的意图,并根据他的意图来辅助他的工作。比如,小菲的上司过去长期从事计算机软件研究,惯于逻辑思维,喜欢用数据说话,对于公司潜规则等人际关系方面的东西不太了解和适应。小菲根据这种实际情况,主动而又有针对性地开展一些工作,弥补上司在处理人际关系方面能力的不足,从而深得上司的信赖。

(5) 社交范围及一些家庭私事

在公司内部一般都不过问对方的隐私,但作为秘书,又需要多多少少地了解一些上司的个人交际范围,只有这样,才有可能帮上司处理一些人际关系。比如在接待客人的时候,如果你知道对方与上司是一种什么样的交往,那么你就能把握好接待的分寸。又比如接电话时,你一拿起话筒对方就问:"李长生在吗?"李长生就是自己的上司,总裁办公室主任。对方既不说出自己的工作单位,也不报自己的姓名。这是谁呢?不过,你能从有些耳熟的声音中很快知道对方就是主任知青时代的铁哥们儿,于是,你马上说:"对不起,主任正在开会,您……"相反,如果你没听出对方是谁,对于这种来路不明而且有些无礼的电话,可能就会这样例行公事:"对不起,主任不在!"说完,就把电话挂了,容易造成误会。

有时上司会找机会和秘书商量一些关于他个人的事情或委托秘书帮他办些私事,在这种情况下秘书最好不要辜负上司对自己的信任,因为这种信任是双方工作相得益彰的基础。由于秘书与上司之间仅仅是一种工作关系,所以秘书对上司的私事也不要了解得太多,比如,上司周末喜欢做什么、个人资产是多少等。

秘书要把自己与上司的关系调整到这样一种状态,既不介入上司的私生活,又在一定程度上了解上司的行动。比如,上司突然外出不知去向,秘书有急事也联系不上,或者上司不知道秘书有私事而让秘书加班,遇到这类事情,谁都难免会产生不愉快的情绪。

2. 了解的途径

要了解自己的上司,秘书就要加强与上司的交流沟通,但因为双方在地位、年龄、经验和阅历等方面存在着巨大的差异,所以,秘书与上司之间的交流不是一件很容易的事,而且上司对自己的工作重点很少给秘书明确的指示,因此,秘书要了解上司,只能循序渐进,慢慢地去观察和琢磨,比如他每天见了哪些人,打了哪些电话,批了哪些文件;他在约见客人时,先后顺序的安排,谈话时间的长短,说话的口气,关注的问题等。通过这种日常观察,秘书可以渐渐了解上司,知道他内心真正在想些什么,比如他目前最关心哪些问题,哪些问题最让他头痛;他有哪些项目想急于实现,他正在筹划什么项目或行动。如果秘书能真正了解上司在想些什么,那么,她也就基本把握了自己的工作重点。

二、全力协助上司的工作

秘书应在工作中充分发挥自己的主观能动性,但又不能超越自己的权限,给上司的工作造成被动。如何把握好主观能动性的度的确是很微妙的。秘书在工作中经常会有这样的情况,上司到外地出差时,客户来电话就某某问题征求意见,秘书凭自己的经验,给了客户一个肯定的答复;可上司回来之后说自己另有打算,秘书是给他帮了一个倒忙。

秘书即使熟悉了工作,工作能力也得到了上司的赏识,能经常代替上司处理一些重要的工作,但在遇到新情况和新问题时,也最好适当地听取上司的意见和指示。如果秘书把事情处理完了,各部门的经理都知道了,而上司却一无所知,就会使上司感到很没面子,这也说明秘书与上司之间的沟通存在着很大的问题。

秘书要学会维护好上司的威信,例如上司与客人会谈时,话不投机,上司处于窘境,在这种情况下,一个有经验的秘书能机智地转移话题,创造出一种轻松愉快的氛围。能做到这一点,秘书与上司之间的工作一定会配合得非常顺利。

当上司在工作中遇到困难时,秘书的关心对上司克服困难起着很重要的作用。反过来,如果仅仅是一些鸡毛蒜皮的小事,秘书也没必要过分地去关心,问这问那,大可当作什么都不知道。在这种情况下,秘书应多站在上司的立场上替上司考虑问题。

三、与上司相互了解

上司与秘书在工作中必须有一种默契,只有这样,才会心情愉快,工作有效率。要与上司形成默契,那么了解就必须是双向的,所以,秘书不仅要主动去了解上司,而且也要尽量让上司了解自己。相互了解可以避免工作中的失误和纠纷,增强双方的信任。但是,有些秘书因为怕上司打官腔,往往不太愿意主动与上司沟通。

小芸在公司做了三年秘书,她的敬业精神有口皆碑。但是,她最近很烦,因为她新换了上司,这个上司是负责研发的公司副总经理。让小芸心烦的不是这位上司不苟言笑,难以侍候,而是这位新上司特别喜欢加班,即使没有应酬,他晚上七点半之前也不会离开办公室。

小芸的家离公司比较远。每天下班回家,她需要倒两次公交车和一次地铁,在路上至少得花两个小时;每周要上一次夜校,另外还要与男朋友约会。开始一个月小芸还能坚持在上司离开办公室之后自己才下班,但慢慢地就感到坚持不下去了。

作为职业秘书,小芸一开始严格要求自己,三年来都是在上司下班后自己才下班。经过一个多月的观察之后,她发现新上司喜欢加班也不是每天有什么重要的事,有一次她发现上司在网上打游戏。于是,她希望上司能了解自己不能每天加班的苦衷,但她不知道怎么开这个口。

直接告诉上司,说自己家离公司很远,不能每天都七点半之后才下班?自己比上司提前走人,这有违她的职业准则,她不能这么做。即使她这么说了,上司也不一定会同意她提前下班,那今后与上司更难相处。或者"提醒"上司,让他没事就早点下班?这更不行,这种"提醒"是变相的指责,更有违秘书的职业准则。

怎么办?思来想去,小芸最后决定辞职,另找了一份工作,尽管她舍不得这份轻车熟路的工作和办公室里的同事们。在小芸办完所有离职手续最后与上司告别时,上司问她为什么干得好好的要辞职,是不是他这个上司有什么地方做得不好,这时,小芸才把自己心里的苦水全吐了出来。

听小芸吐完苦水后,上司告诉小芸自己之所以每天都拖到七点半之后才离开办公室,是因为在回家的路上有个地方在修立交桥,每天上下班时都堵车,他是怕堵车,所以等到车流高峰过后才开车回家。

"造成这么大的误会,这种事你怎么不早说?"上司问小芸。

小芸无言以对,现在一切都晚了……

小芸吃亏在哪里?就吃亏在她的沟通能力上,而这种不善沟通其实质就是情商不高。如果小芸的情商比较高,那她在遇到上司不到七点半不下班这个问题时,首先就会去想办法了解其中的原因,从而去理解上司。当她通过闲聊等方式知道上司是怕堵车才推迟下班的原因之后,她就可以直接找上司沟通。她把自己的实际情况向上司讲了之后说:"今后如果您有事需要我加班,哪怕到晚上十二点钟也没问题。如果您没什么事,那我每天就六点下班,您看可以吗?"听小芸这么一说,上司就会恍然大悟地说"没问题"。事实上,作为一个经验丰富的秘书,上司晚上需不需要加班小芸心里有数。

当然,像小芸这样与上司沟通的时机和方式都很难把握,不能因为心里有怨气就用不满的态度说话;说话的口气一定要是询问式的和建设性的,只有这样,你的意见才有可能被上司接受。即使上司回答"不行",那也应该弄清楚上司为什么会回答"不行"。

四、与上司形成默契

秘书与上司之间应该有深深的默契,这会使双方的工作相得益彰。秘书要与上司形成默契,不仅工作经验要丰富,更重要的是要取得上司的信赖。

秘书要与上司形成默契,首先要养成良好的习惯,随时随地关注上司的工作。上司有什么工作要你协助,不能总是依赖对方的指令,要通过捕捉他的肢体语言了解他的需求,从而主动提供帮助。其次,秘书要用心体会上司在工作中的需求。站在上司的立场,想想他有什么不方便说的话,不好开口的事情,或者说出来可能会引起若干不良影响的地方。将心比心,通过换位思考,把自己当作上司,想一想他所希望自己做出来什么样的反应?平时多体会,必要时才能准确掌握。最后,了解上司的需求,制订几套可行的方案,再根据上司的立场和工作习惯,选择其中最合适的,提供给上司。久而久之,你才能真正了解上司的需求,及时地提供恰到好处的辅助。与上司的默契就这样渐入佳境。

与上司建立默契,秘书要努力工作,但光努力工作还不够,关键是要用心工作。用心的程度越深,默契就越深。秘书用心工作,实际上就是凭良心在做事,否则就谈不上用心。只有凭良心,上司才能安心。

五、充分利用上司所具有的资源

秘书要想快速成长,就要充分地利用上司的各种资源。不管上司是什么样的人,他身上总会有各种优点和长处,而这些优点和长处就是秘书可充分利用的资源,比如,有的上司工作经验丰富,解决问题能力强;有的人脉资源丰富,能一呼百应;有的善于营造气氛,对部下感染力强……秘书利用上司身上的资源,主要是在接受上司指导自己工作的过程中实现的,所以,当上司指导工作时,秘书一定要虚心。上司指导的要点,实际是他人生和工作经验的结晶。对这些要点,秘书不仅要能消化吸收,而且应能举一反三,把它们运用到自己的工作中,从而提高自己的工作效率和质量。

鼓励秘书充分地利用上司所具备的资源,可能会有人对"利用"这两个字提出异议,因为在他们的观念中,"利用"是个贬义词,含有"阴谋与邪恶"的意思。其实,"利用"这个词更多的时候是个中性词,比如,情商理论"利用感情"中的"利用"就丝毫没有贬损的意思。每个上司身上都有长处和优点,都拥有独特的资源,秘书利用上司的这些资源来做好自己的工作,这就是"利用上司"。

当然,有些秘书不愿意让上司知道自己工作中出现了难题,以为那样会显得自己很无能。其实,这还是个互信问题。秘书与上司相比,能力肯定有差距,所以没有必要回避。从另一个方面来说,上司也有责任指导秘书的工作,所以,秘书也没有必要客气,应大大方方地去请上司帮忙。

秘书要利用好上司身上的资源,就要事先知道上司身上有哪些优势和长处。根据上司的特点,适时向上司提出请求,并把这种请求清楚地表达出来,这样就能做到上下级齐心协力把工作做好。事实上,能充分利用上司资源的秘书,一般都会得到上司的信赖。上司心里会想:"这小子(丫头)挺机灵,有能力,是棵好苗子,好好培养,将来会有出息。"能得到上司这样的信赖,作为秘书,还有什么比这更珍贵呢?

当然,得到上司信赖的秘书也应信赖上司。在工作中,由于看问题的角度不一样,所以,在某些具体问题上秘书与上司的看法不一样是很正常的。但是,即使上下级的想法不一样,秘书也不要在心里给上司贴上各种负面标签。看问题的方法不一样,可以通过沟通来解决,重要的是要信赖自己的上司。

1. 把上司当作职场的领路人

现代职场复杂,一是它复杂的人际关系,二是它各种复杂的潜规则。"人在职场漂,哪能不挨刀?"这是现在秘书们经常挂在嘴边的一句话,用来嘲解自己在职场中所受的不公正遭遇。将职场形容为"江湖"是非常形象和贴切的。有江湖的地方就有恩怨,有恩怨就有刀光剑影,所以,特别是对于那些刚刚进入职场的秘书新人来说,职场就意味着诱惑、中伤、忌妒……也意味着他们在职业发展的道路上,有可能要走很多弯路,有可能跌倒,也有可能被暗箭射伤。

人生道路虽然很漫长,但关键的也只有那么几步,而刚刚由学生变成秘书,这是人生中最关键的几步之一。由于涉世不深,缺乏必要的社会经验,在刚开始职业生涯的时候,需要有人给我们指点迷津,以免误入歧途。所以,秘书还应当学会利用上司的人生经验,把他们当作自己职场的领路人。

一般来说,上司的年龄比秘书大,这也就意味着,不仅上司的工作能力比秘书强,而且人生经验也比秘书丰富。只要秘书取得上司的信赖,注意与上司的沟通方式,那么秘书就一定能从上司那里汲取有用的人生经验。当自己的人生经验不能解开自己的人生困惑时,秘书就可以向上司敞开心扉,请求帮助。

有些上司可能在别的部门的人看来很窝囊,没什么大出息,即便如此,听听上司讲自己如何走麦城,这对秘书来说,也是很珍贵的,因为它一样可以让秘书在职业发展的过程中少走弯路。可以说,只要秘书对上司心怀敬意,那么上司就是秘书职场上最合适的领路人。

2. 把上司的经验转化成自己的经验

"经验"是指人们在实践中积累的体验,即在实践中学到的知识和技能。由于各公司和部门的具体情况不同,秘书的很多专业知识在学校里是学不到的,只能靠逐步积累。丰富自己的经验,当然首先要靠秘书自己平时的积累。但秘书工作的很多经验就像一层窗户纸,如果没人帮你捅破它,你自己钻研一年半载也不一定能掌握;相反,如果有人点拨你,你可能在几分钟内就能掌握。所以,秘书平时需要经验丰富的上司的言传身教。当上司把经验传授给秘书之后,秘书就要注意在工作中运用这些经验,最终变成自己的经验。积累经验的过程实际就是秘书在工作中成长的过程。

在日常工作中,由于上司自己工作也很忙,不可能经常抽出专门的时间来指导秘书,再加上有很多技巧不一定适合用语言表达出来,因此,这就需要秘书用心去观察和琢磨上司是怎么做的,这种无言的指导就是在"言传"之外的"身教",而且这种耳濡目染就是最有效率的"身教"。为什么上司考虑问题的方法与自己当初想的不同,为什么他们要这么处理问题,经常向上司请教是秘书提高自己水平的一条捷径。一般来说,只要秘书谦虚,上司会乐意指导秘书的工作。如果在工作中上司对秘书的工作不闻不问,对秘书的失误睁一只眼闭一只眼,并不一定是件好事。

3. 让上司成为自己的"信息库"

与秘书相比,上司身上蕴含的信息要多得多:一是上司的工作时间比秘书长,所以他积累的信息多;二是部门成员都要向上司汇报工作,所以他掌握的信息全面;三是从公司高层传递过来的信息多;四是为了协调工作,各部门要交换信息;五是上司的人脉广,客户多,收集的信息自然也就多。总而言之,上司身上的信息比秘书多,所以,秘书要学会把上司变成自己的"信息库"。秘书要学会把上司当成自己的"信息库",但这并不是让秘书养成依赖上司的习惯,这一点不能误解。

4. 将上司的人脉变成自己的人脉

现在的秘书都知道人脉的重要性了。人脉就是把朋友的朋友变成自己的朋友。很多时候,一些朋友看上去对你的工作没什么太大的帮助,但是,他的人脉可能对你的工作会很有帮助。不少秘书新人经常在工作中陷入"求助无门"的窘境。因此,秘书一定要学会利用上司的人脉。一般来说,上司比秘书工作时间长,工作接触面宽,所掌握的资源也比秘书丰富,所以人脉肯定比秘书多。因此,秘书要学会利用上司的人脉,最终将上司的人脉变成自己的人脉。

5. 把上司当作免费的教练

近水楼台先得月,如果深受上司信赖,那么秘书被提拔的机会会比一般员工多得多,而且快得多。因此,秘书要提前为自己做"上司"做好准备。但是,现在的上司很少有时间来对秘书进行领导力等方面的指导,所以,一些秘书被提拔后由于缺乏领导经验,工作并不尽如人意,特别是他们不知道如何指导自己部下的工作。但是,既然被提拔,就必须在有相应的业务能力的同时,具备领导部下工作的能力。那么,怎样才能让自己具备相应的领导能力呢?对于秘书来说,要提高自己的领导力,最实用的"教材"就是自己的上司。

在许多秘书看来,"指导工作"就是指上司对部下(也包括秘书)的工作进行指导。其实,如果秘书把上司当作积累指导能力的教材,那"指导工作"不单是上司的事情,也是秘书的事情,因为当你自己成为上司的时候,这种被指导的体验就是你的"经验"。

虚心接受上司工作上的指导,对秘书的领导能力、沟通能力等本身也是一种提高。所以,秘书要想在职业上有所作为,就应该珍惜一切机会,预先提高自己"指导工作"的能力。

第三节　与上司打交道的要点

一、必须"读"懂上司的表情

要想与上司建立互信的关系,第一步就是要正确地识别自己和上司的感情。自己现在是一种什么样的心情？是高兴还是悲哀？是郁闷还是气愤？了解自己的情绪是熟练地发挥情商能力的基础；"读"懂上司的感情,对发挥秘书的情商非常重要。

这天上午,小雯正在给总经理起草文件,总经理来电话叫她到他的办公室去。一进门,上司就问小雯："我在公司董事会上作的工作报告,你写得怎么样了？"

小雯看着上司,他脸上一点表情也没有。由于上司毫无表情,所以小雯在心里琢磨："他问我这个问题到底是什么意思？"她揣摩上司可能会有这样几种意思。

"他是对我目前工作的进展不满意,打算换别人来做吗？"

"他是因为我工作进展顺利,所以要称赞我吗？"

"他叫我来汇报,肯定是催我加快进度！"

"看来他还是讨厌我这个人！"

从上司的表情上小雯找不出"上司意思"的蛛丝马迹。小雯只有正确地了解上司此时的意图和感情,才能选择合适的方式来回答上司的问题。

小雯要想知道上司问自己"你写得怎么样了"这句话是什么意思,就要知道上司此时此刻的感情处于一种什么样的状态。每个人的行为都是受他的感情支配的,感情状态决定了他行为的方式；要了解上司的感情现在处于一种什么样的状态,那就要能"读"懂他的表情,因为一个人的感情往往会通过面部表情反映出来。虽然有些上司习惯掩饰自己的感情,喜怒哀乐皆不形于色,但他们的眼睛是不会撒谎的。如果不能读懂上司,那秘书就无法主动去满足上司对自己的工作需求。

如果小雯觉得"他叫我来汇报,肯定是催我加快进度！",那她就要这么回答："头儿,您放心,今天下班之前我一定交给您！"

二、争取与上司的情感保持"共鸣"

秘书要想与上司建立互信的关系,第二步就是要争取在感情上与上司产生共鸣,也就是说,上司希望秘书将自己的感情保持在什么状态,那么秘书就要将感情保持在什么状态上。秘书要做到这一点,就要养成换位思考的习惯,设身处地地站在上司的角度上考虑问题。

比如,小雯的例子中,当上司问她工作报告写得怎么样了,如果小雯认为这是上司生气的表现,那她就要了解上司生气到了什么程度和他为什么要生气。如果小雯了解了这些情况,她就能理解上司现在的心情,从而与之产生共鸣。因此,她就要想办法将自己的感情疏导到上司所想的那个方向去。为了不让上司继续生气,小雯就应适当控制一下自己的情绪,这么对上司说："头儿,我也知道,董事长催得急,如果不赶紧把报告写出来,您的工作会很被动,所以,我会尽快把报告交给您!"

三、站在上司的立场上看问题

秘书要想与上司建立互信的关系,第三步就是要养成站在上司立场上看问题的习惯,理解自己和上司为什么会产生这样的感情,这种感情又会发生怎样的变化。比如,小婕的上司刚刚由研发部经理升为公司副总经理。一开始,他对很多应酬不习惯,经常向小婕抱怨:"天天请客吃饭,把我当成饭桶了?"小婕知道他长期从事计算机软件研究,惯于逻辑思维,喜欢用数据说话,对于职场潜规则等人际关系方面的东西不太了解和适应。于是,她一方面向上司解释一些职场潜规则,另一方面又根据实际情况,主动而又有针对性地开展一些工作,弥补上司在处理人际关系方面能力的不足,从而深得上司的信赖。

四、调整好自己的感情

秘书要想与上司建立良好的关系,第四步就是要调整好自己和上司的感情。

如果小雯觉得上司问自己报告写得怎么样了,说明他讨厌自己工作拖拖拉拉,那小雯就要先调整自己的感情,马上向上司道歉:"头儿,实在对不起!是我工作拖拉,我一定尽快改正这种毛病!"通过这种道歉来取得上司的谅解,也就是调整上司的感情。

相反,如果小雯觉得上司是讨厌自己工作拖拉,她不是去调整自己的感情而是去调整上司的感情:"头儿,不就这么点事,至于生这么大的气吗?"那就是火上浇油。

情商不高的秘书不能很好地调整自己的情绪,他们往往不能冷静地思考问题,很容易发火,对上司的批评具有很强的抵触性。而且,由于社会经验不足,经常做出一些不恰当的行为。比如,这天上午秘书突然无缘无故地挨了上司的一顿批评。对此,秘书有两种截然不同的反应。第一种是:"老板,你把事情搞清楚之后再下结论好不好?我又没得罪你,你怎么就那么不待见我?"情绪激动,摆出一副大吵一架的姿势。第二种是秘书马上想到在上司身上可能发生了什么不愉快的事情,所以,暂时不跟他理论,等他情绪好了之后再跟他去说明情况。高情商的秘书肯定会选择后一种方式。因为它及时调整了自己的情绪,因而与上司之间的互信关系更加坚实。事实上,上司也有自我调整感情的能力,当他发现自己的语言有可能伤害秘书的感情后,肯定会产生一种对秘书的内疚,尽管他不一定会用语言表达出来。

要让自己心平气和,就要能把握、利用和控制好自己的感情,这样更易于与上司建立互信关系。为了提高这种情商能力,秘书不妨每天在睡觉之前回忆一下自己当天的行为是否恰当,每天只需五分钟就行。

第四节 与其他秘书之间的关系

一、秘书之间一律平等

在秘书部门内部,秘书之间必须保持一种良好的人际关系,这是非常重要的。关系融洽,工作起来的心情也很舒畅;相反,如果同事之间老是闹别扭,不仅影响心情,而且影响工作效率。

秘书部门在各部门中并没有什么特殊的地位,同样,在秘书部门内部也不存在什么"超人"。部门内部有老人与新人之别,但没有等级之分。按照分工协作的原则,可能小菲主要是负责处理总经理的日常工作,小童则是专管李副总经理的日常工作;虽然她俩的上司存在着职位上的差别,但她俩本身绝对没有什么差别。可是,在实际工作中,由于上司存在着职务上的差别,一些秘书也因此而产生优越感。如果小菲认为自己是总经理的秘书,无形之中对小童产生一种地位上的优越感,那么,小菲就很难搞好与小童的关系。如果秘书之间闹别扭,秘书部门的工作肯定搞不好。

为了共同做好部门的工作,无论是总经理的秘书,还是副总经理的秘书,都要相互尊重,相互关心,相互帮助,在工作中相互通气。这样,如果小菲休假去了,小童就能接替好小菲的工作,否则,领导的工作就不好开展。

秘书之间在工作中应互通信息,部门内部最好建立这方面的制度,对互通信息的时间、内容和方式都做出明确的规定。

二、向老秘书学习

如果你是一名新秘书,那么,你对待部门里的老同事的态度要像对待上司一样尊敬。由于各公司和部门的具体情况不同,秘书的日常工作也各不相同,因此,很多专业知识在学校里是学不到的,只能靠经验丰富的老资格秘书言传身教。为什么他们考虑问题的方法与自己当初想的不同,为什么他们要这么处理问题,经常向他们请教是提高自己水平的一条捷径;对于他们在一些细微处给你的提醒或批评要真诚地接受。

作为秘书新人,你一开始的工作主要是值班、接电话、传话……由于这些工作非常繁杂,几乎找不到什么正经的时间来学习。比如你正在向小菲请教如何写商业信函,突然来了一位客人,你不得不停止自己的学习,去给客人沏茶。因此,你要想尽快熟悉工作、虚心向老同事学习,不放过任何请教的机会固然很重要,但关键还是在于自己处处留心。

新秘书一定要积极主动,不懂的地方完全可以向老同事请教。有时将自己的一些私人问题也跟老同事谈一谈,使他们觉得你在把他们当成上司对待。这是保持良好人际关系的一种秘方。

三、帮带新秘书

每到一定时候,秘书部门就要例行人事调整,有的秘书被提拔,有的秘书改行,所以就要补充新秘书。作为有一定经验的秘书,不管岗位责任书上有没有明确规定,你都负有帮带新人的责任,这是秘书这种职业特性决定的。当然,秘书大多很忙,不可能抽出专门的时间来辅导新秘书的业务,因此,这项工作有一定的难度。

尽管新秘书工作经验不足,对他们也一定要尊重。秘书之间要相互关心,互相帮助,不仅要向新秘书及时通报各种信息,在业务上也要多帮助他们,切忌采取居高临下的态度。

一般来说,新秘书处理工作主要是抓不住要领,因此,不仅要帮他们把工作本身做好,而且要帮助他们掌握工作要领。比如,上司让他们起草信函,他们写得不符合规范,或者根本不知从什么地方动笔,这时不仅要帮他们更正,更重要的是告诉他们书写的格式和方法。

在帮助新秘书的时候,给他们讲一些自己曾经出过的差错和受到的批评,是非常有益的,这样可以帮他们悟出一个道理:金无足赤,人无完人,任何人都不是生而知之,而是学而知之。只要自己虚心学习,勇于实践,没有什么干不好的工作。当然,给新秘书谈自己走麦城,多少有些为难,但是,这样不仅能使他们少走弯路,更主要的是能树立他们做好秘书工作的信心。

老秘书有责任帮助新秘书尽快成长,但是这种帮助毕竟不能代替,所以在帮助新秘书时,要最大可能地发挥新秘书自己的主动性和创造性。比如,新秘书某个问题吃不准,来向你请教时,你最好不要直接回答对方(当然要根据具体情况而定),而是先反问他:"你认为该怎么办?"这样,有利于挖掘新秘书自身的潜力,从而有利于新秘书的自我成长。

四、注意关系网的平衡

人们常把公司里的人际关系说成是"关系网",这是非常形象和贴切的。人际关系的确像张"网",它既有纵向的"经",又有横向的"纬"。然而,在实际工作中,许多秘书往往只看到人际关系的"经",着重搞好与上司的关系,忽视人际关系中的"纬",不注意与同级之间关系的协调。一些秘书由于不注意搞好与同级的这种横向关系,因此,在工作中不仅很少得到同级的帮助,有些甚至受到刁难。所以,如果秘书过分强调以上司为中心的纵向的上下级人际关系,反而有可能给自己的工作带来不必要的阻力。

毫无疑问,在一个部门内部不管是直接的还是间接的,同事之间多少存在着竞争,存在着矛盾。大家长时间在一个办公室上班,肯定会因为加薪晋职等原因,产生不愉快,也容易因为各自坚持自己的立场而发生矛盾。同事之间出现矛盾是正常的,关键是你如何化解冲突。既然大家都在一个办公室上班,而且同是秘书,就说明彼此的利益在很大程度上是一致的。所以,同事之间的矛盾并不是一种你死我活的"零和游戏",完全可以通过沟通解决。

秘书之间应该多聊聊天,如你的兴趣是什么,我的爱好是什么,家长里短。这并不是窥探别人的隐私,主要是为了给办公室营造一种轻松的气氛,加强同事之间的相互了解。如果有了这种相互理解,就不容易发生误解,即使有了误解也容易消除,而不会积淀为隔阂。同事之间在这种逐步的相互了解的过程中,开始理解和接受对方思考问题的方式和价值观,这样,不仅能大大减少猜疑和误解,而且更容易形成工作中的默契,从而产生友谊。

第五节 与公司一般同事的关系

从某种意义上来看,一个企业就像一支军队,企业的工厂、销售部、市场部等职能部门像战斗在一线的作战部队,而秘书部门则像军队的参谋作战室,为前线的部队提供信息、给养等方面的服务。因此,为了能在激烈的市场竞争中取得胜利,秘书部门应当与各职能部门搞好关系,相互配合,相互支持。

一、甘当小学生

秘书部门是个综合部门,对于整个公司的运营状况和业务流程,秘书可能比职能部门的人了解得多一些,但是具体到某一个部门的业务,秘书就不一定比人家占优势了。所以,在与职能部门的人沟通时,你最好先抱着当学生的态度多学习、多了解、多询问、多做功课。

二、有求必"应"

由于秘书的特殊位置,经常会有人求你帮忙办事。无论是对公司内部的职员,还是对公司外面的客人,不合理的或自己做不到的请求,当然要拒绝,但是在拒绝之前,最好先要耐心听对方把话说完,不让人觉得你在敷衍搪塞。对于有些人的要求,你虽然拒绝了,但可以针对他的情况,提出自己的建议。如果能提出有效建议或替代方案,对方一样会感激你。另外,拒绝时除了提出替代建议,还可以每隔一段时间,去问问对方情况,让他们也了解自己的苦衷与立场,这样就可以减少因拒绝而带来的负面影响。

从表面上看,确实是别人求秘书的时候多,秘书求别人的时候少。但实际上这个"求"是双向对等的,你的工作也需要各职能部门的配合与支持。比如,上司要你给他整理一份关于明年市场预测的材料,你就要"求"市场和销售这两个部门给你提供素材;又比如上司外出办事,你就要"求"行政或总务部门提供车辆等方面的配合。可以说,你用什么方式回复他,下次他就会用同样的方式回复你。

三、相互体谅

由于看问题的角度不同,秘书部门与其他部门发生一些矛盾,造成一些误会是正常的。比如市场部想以降价的方式在国庆节期间搞促销,扩大本公司产品的市场占有率,于是打报告给总经理;报告转到总经理办公室的秘书手里后,他们从销售部那里了解到,降价会损害经销商的积极性,从长远来看对产品销售不利,所以没有把市场部的报告优先送给总经理。因此,市场部认为这是秘书在故意刁难他们。对于这类工作中的矛盾和分歧,只要加强沟通,就应该能很快解决。但是,在实际工作中,有些秘书只要听到别人在背后议论自己几句,就马上针锋相对,将正常的工作矛盾转化为个人恩怨、人事纠纷,使事情越来越复杂;一旦有机会就假公济私,给对方"穿小鞋"。

即使是在本公司内部,许多人也不一定了解秘书的工作。他们以为各种报告批不批,领导想见谁不想见谁,都是秘书说了算。所以,一些人见不到领导或自己的申请报告得不到批复,就认为是秘书从中作梗。所以,他们老朝秘书部门发火。当然,也有人知道这并不是秘书部门的责任,但是他们又不好直接朝领导发火,所以只好把秘书部门当作出气筒。

秘书不能"狐假虎威",并不是说在发生矛盾时就一味地不讲原则,一味地容忍。但是,不能容忍是个原则问题,而怎么处理则是个方法问题,不能用原则代替方法,虽然对方不"仁",但你却不能不"义"。从地位上来看,秘书只是公司里一般的工作人员,但是,在一些人的眼里,秘书总是"一人之下,万人之上"。所以,你每做一件事的时候,应三思而后行,否则,很容易招致非议,有人甚至还以为是领导有意让你这么做的。

四、远离是非

　　在公司内部,人事关系是最为复杂又最为敏感的关系。如果在一些同事之间出现了是非漩涡,除非与自己有关,否则作为秘书,最好远离这种漩涡,而且离得越远越好。如果你掺和进去,即使你保持不偏不倚的态度,凭良心发表自己的看法或办事,也有可能被人曲解;如果有人说你是在替某某说话,你跟某某是一伙的,那事情就会变得更加复杂。在实际工作中,确实也有些秘书喜欢利用这种错综复杂的人际关系拉帮结伙,公报私仇,浑水摸鱼。所以,一般的领导都讨厌自己的秘书卷入单位内部的人事纠纷,免得给自己帮倒忙,添乱子。

　　在一般情况下,秘书是不应该卷入公司内部的各种是非漩涡,但是在关系到领导一些重大决策的时候,秘书听到或看到某人的不负责任的行为,就应该毫无保留地告诉上司。不能因为害怕得罪人,影响自己的关系而明哲保身,否则,就是渎职。公司的利益永远高于个人的利益,这是作为职业秘书必须遵守的职业准则。

第六节　与客户之间的关系

一、热情礼貌

　　有人把秘书比喻为公司的商标。从某种意义上来讲,秘书的形象的确就是公司的形象。因此,秘书在接待第一次来访的客人时,一定要热情周到,因为对方把你看成公司的代表,你的态度反映了你的上司的态度。相反,如果来访的客人是上司的深交,你就不必来那么多客套,给他沏一杯茶,简单问候几句就行了;如果你过分热情,反而会让他反感。

　　由于长期的交往,秘书之间也能产生一定的情谊。一天,某公司的秘书打来电话,约你下班后去星巴克一起喝杯咖啡。这件事要不要向上司汇报呢?也许有人会说,既然对方是以个人名义约你,你就没有必要向上司汇报了。不,不管对方以什么名义约你,你都应该向上司汇报。不过,这种秘书之间的往来,一般是允许存在的。

　　秘书作为公司的代言人,在与客户交往的过程中,一定要牢记两条原则,一是热情;二是礼貌。

二、礼尚往来

1. 在受到宴请的时候

　　如果对方是在工作以外的时间宴请你,那你可以根据实际情况来决定是否接受宴请。如果你接受宴请,在赴宴之前一定要向上司汇报,在宴请之后一定要向对方表示感谢。

2. 在接受礼物的时候

　　作为秘书要尽可能地婉言谢绝对方赠送的礼物:"您的心意我领了,但这么贵重的礼物我不能接受。"如果对方非常有诚意,你非收下不可,那你事后一定要向上司汇报,但最好不要与同事谈论这些事。

3. 送礼

在一些重要的节日,如圣诞节、元旦、春节、中秋节、重要合作厂商的公司纪念日等,秘书应在征求上司的意见之后,以礼品或贺信及时致意,维护与客户的友好关系。

作为助手,秘书应适时提醒上司并为其安排与客户的定期沟通活动,如一起吃饭,与客户建立经常性的沟通,以促进彼此的了解与进一步的合作。

三、扩展人脉

俗话说"山不转水转",意思是做人要多交朋友,广结善缘,这样一旦有什么事,你就可以随时随地找到朋友帮忙,而且,在交友过程中,你不但可以增长见识;而且能够拜师学艺。秘书每天都要与形形色色的人打交道,不仅要上知天文,下通地理,而且,上司随时会交代一些让你一下子不知所措的工作,使你不得不求人帮忙。因此,秘书必须建立起自己的人脉关系。要建立起自己的人脉关系,你就要扩大自己的交友范围。广泛的人脉关系,既可以为自己的业务带来便利和机会,又是你信用的证明。

思 考 题

1. 你与同寝室的人的关系如何?为什么?
2. 如果你与同学发生了矛盾你会不会主动与对方和解?为什么?
3. 你讨好过老师或同学吗?为什么?

用情商提高沟通的效率

(1) 熟悉有效沟通的基本原则；
(2) 了解有效沟通的基本方法；
(3) 掌握与上司沟通的要点。

沟通是人们借助语言等形式交流和传递各自的观点等各种信息的过程。人们要提高沟通的效率,不仅要注意对方在沟通过程中表现出来的感情,而且要能随时将自己的感情调整到最佳状态,以准确表达自己的感情或想法,确保对方能接受和理解,不至于产生误会和歧义。因此,秘书要提高沟通的效率就必须提高情商。

第一节 有效沟通的基本原则

一、坚持多"对话"少"说话"

在管理学上,"说话"只是陈述一个"事实",而"对话"是"双方思想的自由交流"。也就是说,"说话"的人只是想表达自己的意见,不管对方是否接受和有什么反应;而"对话"是双方互相开放心扉,在轻松的状态下协商,这种协商很容易在双方的内心引起感情的共鸣,从而增加彼此之间的信赖,是双方高情商的表现。相互信赖是建立良好人际关系的基石,而"对话"则是建立互信的桥梁。

小安和老韩两人,一个是公司销售部经理助理,也是金牌业务员;一个是客服部的负责人。他俩之间的关系一直很微妙,在外人看来似乎谁也不买谁的账。小安虽然年轻,但已是销售部的业务骨干,而老韩的主要工作则是处理客户的投诉,给客户提供售后服务。由于老韩工作时间长,经验丰富,所以,销售部的业务员大多对老韩非常钦佩。很多业务员在与客户讨论项目合作方案时,经常会向老韩咨询。

但是,小安总觉得老韩这个人很难打交道,不是万不得已,他是不会找老韩咨询的,因为他觉得自己没法跟老韩说到一块儿去;老韩总是说:"如果你这么做,客户会怎么想?"无论自己怎么强调自己的工作重点,对方却总是说不能忽视客户的"那一点"。

这天下午,他俩开车一起去拜访郊外的一个客户。由于客户的问题得到了圆满的解决,两人的心情都放松下来。于是,在回公司的路上两人闲聊起来。

小安问:"老韩,我俩也配合那么久了,我想知道你是怎么看待我这个人的。"

老韩回答:"是呀,我也想直接听听你对我工作的评价。你是不是觉得我很古板,废话很多,让人讨厌?"

小安连忙辩解:"不是这样的,我没这意思!"

老韩说:"作为公司客服部的负责人,我总是想为客户提供周到细致的服务。所以,不管是你给客户做的项目建议书,还是你们销售部其他人给客户做的项目建议书,只要来征求我的意见,我就会要求尽可能完善一些,所以,并不是不相信你,故意刁难你一个人。"

"原来您是这么想的啊!我以为您是看我年轻,不信任我。"

"我只是想让客人满意。所以,我想我们应尽可能地为他们想得周到一些。"

"是啊,为了增加回头客,我也希望尽量满足客人的要求,让他们高兴,即使他们的要求有些过分,我也想满足他们。但是,公司有很多条条框框,我即使有心也无力呀,所以……"

老韩诚恳地说:"你说的我非常明白。只要你能这么想,我们俩协调配合,就应该能为客户提供最优质的服务!"

"一定!"

……

每个人都想拥有良好的人际关系,与周围的人保持有效沟通。可是在开始交谈后,人们总是在情不自禁争夺发言权,哪怕是不礼貌地打断对方的话。如果双方的观点有分歧,就会忍不住地要攻击对方;即使语气委婉,也要顽固地坚持自己的观点。这可以说是情商不高的表现。

在上面这个案例中,小安的工作是"推销",而老韩的工作是"客服",如果单从他们各自的立场来看,他们的做法都没有错。也正因为如此,平时他们是敬而远之。现在,他俩偶尔在轿车这个狭小的空间里相遇,双方又能心平气和地倾听对方的意见,尊重对方。所以,交谈的结果是彼此在了解的基础上增进了相互的理解,心理上的隔阂消除了,因此两人的关系比过去亲近多了。双方有了这种关系,不仅会提高工作效率,心情也会更舒畅。

二、说话尽量委婉

在现代职场上每个人都有自尊心,都爱面子,如果你不注意说话的方式,就很容易伤对方的自尊心。可以说,说话的方式与说话的内容一样影响沟通的效果。同样一件事,如果你说得委婉,对方接受的可能性就比较大;如果你一开口就让对方感到不舒服,甚至会损害他的利益,他就有可能与你针锋相对。所以,秘书无论是与上司沟通,还是与同事沟通,一定要注意说话的方式,尽量委婉。秘书在沟通过程中说话委婉,不能当作撒谎,更不能看做一种欺骗行为。

这天销售部送来了本季的销售报告,报告只罗列了这个季度的销售数据,没有把销售额大幅度下降的原因找出来,总经理不满意,叫秘书小菲把报告退回销售部,让他们重写。当小菲把报告递给销售部经理时,她只说总经理如何如何不满意;听着听着,销售部经理心里开始不舒服了,于是,他不想再听小菲说什么,最后不欢而散。尽管销售经理知道自己的报告没写好,但如果小菲说话婉转一些,比如先同情对方,说市场竞争太激烈,整个行业的大环境都不太好等,之后再说出需要"增加内容,找出销售额下降的原因",那么销售部经理对她可能会是另外一种态度,自然就会达到沟通的目的。

三、说话时要察言观色

正如每个人都有自己独特的个性一样,每一个人在与他人沟通时也都有自己的习惯。作为秘书,如果你能了解上司和同事的沟通习惯,并以此来调整自己与其沟通的方式,就能事半功倍。秘书在准备与上司沟通时应先观察一下上司,看他是怎么想的,现在想不想与自己沟通。即使他还没有开口,秘书也可以通过他的神态或其他肢体语言来判断。如果通过察言观色,秘书知道了上司将用什么方式与自己交流,那也就差不多了解了上司的真实意图。比如,这天下午郑琳在给上司送邮件时,想让上司给自己换一台计算机。可她来到上司办公室后,听到上司在电话里大喊大叫,似乎在为对方毁约而发怒。郑琳知道,在上司心情如此糟糕的时候提换计算机的事,不仅不能换计算机,上司甚至有可能让自己换工作。

一些年轻的秘书为了追求效率,一见面就对上司滔滔不绝,不管上司情绪如何,想不想跟自己交流。这样的沟通不仅很难取得实际效果,反而有可能增加沟通的难度。因此,作为秘书要注意不要见了面一开口就与对方谈工作;问候或闲聊两句,在这个过程中观察对方的脸色,再顺着对方的心情确定用什么方式进行沟通。

四、第一句话要柔和

作为一家公司里交流沟通的枢纽,秘书整天与人打交道,要做到每说一句话都先打好腹稿不仅很难,而且也很累,所以,有些话脱口而出很正常;但是,秘书在每次沟通时至少应做到第一句话要柔和。人们的感情基本分为六种,即幸福、悲哀、愤怒、恐惧、厌恶和惊讶。在一般情况下,人们的感情变化会出现下列四种组合,也就是四个类型。

第一种:愤怒→厌恶→悲哀→惊讶→恐惧→幸福。
第二种:幸福→恐惧→悲哀→厌恶→愤怒→惊讶。
第三种:悲哀→幸福→惊讶→愤怒→厌恶→恐惧。
第四种:惊讶→厌恶→愤怒→恐惧→悲哀→幸福。

为了提高沟通的效率,秘书在沟通的过程中最好选择第二种或第三种交流模式,不要采用第一种交流模式,以免一开始交流就擦枪走火,不欢而散。当然,也不是说第二种模式是万能的谈话方式。用什么样的方式交流,要根据不同的场合和对方的情况而定,总之,在谈话之前一定要慎重地选择合适的谈话方式。秘书在日常工作中,也没有必要在所有谈话中都使用六种感情元素,重要的是理解在沟通过程中你所表达的感情会对对方造成什么样的影响,了解不同的表达方式会给对方带来不同的心理感受,从而影响沟通的效果。

这天一上班,总经理秘书小娜就把市场部的小马叫到了自己的办公室,因为总经理让他做的市场促销报告远远没有达到总经理的要求。

小娜对小马说:"小马,你看你写的是什么东西?我都不好意思拿给老板看!我真不知怎样说你才好!我把老板的意思说得那么清楚,还给你发了邮件,你却写成这个样子!我真没见过这样的促销报告!要是让老板看到了,别说你,连我这当秘书的脸都不知道往哪里搁!好在老板昨天下午出差了,要下星期三才回来。"

本来有些诚惶诚恐的小马听小娜这么一说,就马上变得玩世不恭了:"我没有给老板当秘书的水平,就只能写出这样的东西。你水平高,你写呀!"

"小马,你是怎么说话的?"

"我是怎么说话的?我倒要问问你是怎么说话的?"小马反唇相讥。

"我说话怎么啦?"小娜开始有些莫名其妙。

"你自己琢磨去吧!"小马说完,摔门而去。

小娜觉得自己今天很晦气,她不知道自己怎么就把平素温文尔雅的小马得罪成这个样子。这就是情商的问题!

不同的表达方式会给对方带来不同的心理感受,从而影响沟通效果。小娜情商不高的表现就在于她的第一次句话太"硬",伤了小马的自尊心:"小马,你看你写的是什么东西?我都不好意思拿给老板看!"这还不够,"我真不知怎样说你才好!"小娜的沟通方式当然很难让小马接受,只会使小马与她的心理距离越来越远,因而无助于问题的解决。

如果小娜情商很高,那她就会选择这样的沟通方式,以达到沟通的效果:"老板昨天下午出差了,要下星期三才回来。要是让老板看到了你这份促销报告,别说你,连我这个当秘书的脸都不知道往哪里搁!我把老板的意思说得那么清楚,还给你发了邮件,你却写成这个样子!我真不知怎样说你才好!小马,你看你写的是什么东西?我都不好意思拿给老板看!我真没见过这样的促销报告!"

虽然小娜同样表达了自己的愤怒和厌恶之情,但一开始还是和颜悦色的。"老板昨天下午出差了,要下星期三才回来。"这是表示惊喜,事情还有挽回的余地。小娜一开始就表示自己的乐观,这样就很容易打动小马的感情,因而可以使谈话顺利进行下去,做到有效沟通。小马知道自己的报告写得不怎么样,但还有机会,所以,他能接受现实,不反感与小娜继续沟通。

五、说话一定要"铺垫"

秘书在与人沟通之前,特别是在给对方提意见之前,一定要先做些铺垫。所谓"铺垫",就是在你的谈话进入正题之前,寒暄几句,如称赞对方的裙子或领带漂亮,也可以夸对方上个月的业绩不错,等等。这么"铺垫"是起一种缓冲的作用,先表现出自己的诚意,引起对方感情的共鸣,消除对方的戒备心理,从而营造出一种适合讨论问题的氛围。

由于职场人际关系微妙,很多人都有一种自我保护的本能;当你准备与他沟通时,他首先关心的不是你沟通的内容,而是你与他沟通的目的。如果他认为你"来者不善",那他就没有兴趣与你沟通,要么言不由衷,跟你打哈哈;要么一言不发。所以,为了提高沟通的效率,秘书一定要养成说话之前先"铺垫"的职业习惯。

年底了,公司准备开总结大会。总经理的全年工作总结报告,由办公室主任亲自执笔起草。这天下午,总经理办公室全体人员开会讨论修改主任起草的报告。

"头儿,我认为你的'经济效益增加了两百多万元'这种提法不正确。"小娟开门见山,"经济效益是指经济投入总量与经济产出总量之比,是个相对数;而'两百多万元'是个绝对数,所以,'经济效益增加了两百多万元'的说法是不正确的。"小娟是学企业管理专业的,说起经济理论来一套一套的。

"经济效益增加多少,这已是约定俗成的提法,中央电视台也经常这么播,我看没有什么不对。"主任显然不高兴了,脸越拉越长。

"但这确实不符合逻辑。"小娟没有注意到主任的不高兴,只是继续按自己的思路发表意见。

"这个问题太复杂,不讨论了!先休息十分钟!"说完,主任端起茶杯就往外走……

见主任不高兴的样子,小娟心里也不是滋味,但是,她不明白自己到底错在哪里。

其实,从逻辑的角度来看小娟的观点没有错,小娟错就错在"开门见山"的提意见方式。当着这么多人的面,用这么肯定的语气说主任错了,即使小娟的观点是对的,他也绝对不会接受。

六、避免质问对方

在日常工作中,人们说话的方法或表达的方式有很多种,不同的表达方式会带来不同的表达效果,所以,秘书应根据不同的对象选择不同的表达方式,以保证收到最理想的效果。即使表达同样一个意思,用不同的方式表达也会带来不同的表达效果,所以,为了有效沟通,秘书应根据对方的实际情况选择最合适的表达方式。秘书在与上司沟通时切忌采用质问的方式。

销售部刘经理做的国庆节期间的促销报告,在公司办公会上进行了讨论,大家都认可了这个方案,可送到总经理那里后,报告就如泥牛入海,没有一点回音了。总经理再不签字,销售部就没法进行促销的前期准备工作。如果再拖下去,促销的事就来不及了,今年第四季度的销售就会受影响。所以,这天下午一上班,销售部刘经理就来到总经理办公室:"老板,为什么我那个促销报告送给您那么多天了,您还不签字?"

听他这一问,总经理才想起有这么一份报告。这个促销活动对公司的未来发展非常重要,想到已拖了那么久,总经理心里产生了一些歉意。但是,刘经理对他的这种说话方式让他很不爽,于是跟他打起了官腔:"你没看我正忙着吗?等着吧!"

刘经理从总经理办公室出来后,心里很不是滋味,觉得这事再拖下去后果不堪设想。

于是,他想到了总经理秘书小莉,想请她帮自己在总经理那里通融一下。

下班前,小莉在与总经理商量完第二天的工作日程后,问总经理:"老板,销售部的报告您没签字,是不是还有其他原因?"

听她这么一问,总经理马上显得有些不自然,连忙说:"马上签,马上签!"

虽然刘经理和小莉说的是同一件事,但为什么总经理会有两种截然不同的态度呢?显然,这是表达方式造成的,它们让总经理产生了两种截然不同的心理感受,因而也就导致了两种不同的处理方式。

刘经理和小莉不同的表达方式,反映出他们不同的情商水平。刘经理跟总经理说话一开始就用"为什么",这是一种质问的方式,虽然"质问"得很有道理,但这种质问方式本身带有不信任和不满意的意思,因而具有很强的攻击性,所以它让总经理心里很不舒服,从而导致总经理跟刘经理打起官腔,实际上就是变相拒绝了刘经理的请求。

小莉问总经理:"是不是还有其他原因?"这是一种询问的方式,对事不对人,而且话里已包含了对总经理的谅解,所以,它让总经理感到很舒服,因此,总经理很快答应了她的请求。

那么,刘经理和小莉表达能力方面的差异,或者说沟通能力方面的差异是如何产生的呢?造成这种差异的一个主要原因就是他俩不同的情商能力。

人们在与别人沟通时,总会采用相应的表达方式,并且配合自己的表情、手势等的肢体语言,而这些肢体语言也是他要表达的意思的一部分。在表达自己的意思时,有些人表现得很熟练,有些人则很笨拙。那些表达能力很强的人,也就是那些情商较高的人,他们能选择适当的词汇和肢体语言来向对方表达自己的意思。还有,他们能理解对方当时的心情,在做到真实表达自己意思的前提下不伤害对方的感情,从而让对方接受自己的意见。这样,他们看上去似乎都很随意,实际上更容易被对方接受和喜欢。而那些情商较低的人,他们的表达方式大多粗鲁、幼稚和笨拙,即使是向对方传递一个好消息,也会让对方厌烦。

一般来说,在表达自己的意思时,表达方式可分为"包容型"和"攻击型"两大类。像刘经理的说法就属于攻击型。攻击型的人在表达自己的意思时,很容易表现出自己严厉的责难,让对方心里很不舒服,从而产生对抗心理;秘书小莉则是典型的"包容型"。

从情商的角度来看,刘经理的表达方式就是情商低的表现,小莉的说法是情商高的表现。由于情商高的人能建立良好的人际关系,所以他们都能得到周围人的尊敬和喜欢,而那些情商低的人由于不善于沟通,很容易让周围的人反感。

第二节 有效沟通的基本方法

一、"听"的方法

语言是我们人类相互之间交流思想、表达感情最基本的工具,所以,尽管有些人说话词不达意,但并不一定讨人嫌,因为有许多人就喜欢听别人说,尤其是听人家说自己的心里话,从而得到一种精神上的自我满足。

人们的交流是从"听"开始的,但是在交谈中,有不少人在对方正在讲话的时候,并不注意倾听对方正在说什么,而是在想自己接下来要说的内容,因此,当一个"好的听话者"比作一个"好的说话者"更难。

与"说"相比,"听"难就难在不仅要熟悉对方"说"的习惯,而且要能听出对方说话的言外之意。所以说,要想"听"好确实不是一件容易的事情。

1. 小声附和对方

当对方说到关键的地方或者快要说完的时候,秘书应当点点头或者小声附和,表示同意对方的说法;如果在对方说话时,你毫无表情、无动于衷,或者显得非常紧张,一动也不敢动,对方就不明白你究竟是不是听懂了他说的意思。作为听话人,把握时机恰到好处地随声附和能够使对方说话更积极。附和对方不仅可以用语言,还可以用眼神、表情、态度等。如果只是表面地随声附和肯定会被对方觉察到,所以一定要发自内心地附和对方。

2. 与上司保持共鸣

在听上司说话的时候,秘书不能单纯地听,要让上司知道自己正在用心倾听。秘书应不时地用目光和点头的方式表示赞同上司的观点,这样,双方就能产生共鸣,进行心与心的交流。因此,秘书的目光和点头应与上司说话的呼吸、速度和节奏等保持在同一个频率上。比如,上司说着说着,突然用低沉的声音对秘书说:"臭小子,如果你不好好给我干,到时候看我怎么收拾你!"上司这么说并不是对秘书有什么恶意,相反,这表示他信赖秘书,与秘书的心理距离缩短了。这时,如果秘书像一个军人一样大声回答"我保证不让您失望!"那就有可能大煞风景,这时秘书应跟上司一样用低沉的声音回答:"头儿,您就放心好了,这件事交给我办没错!"这样与上司的共鸣感会更强。

每个人说话的时候都有他习惯的音色、音量、速度和语气等,如果秘书在与上司沟通时能巧妙地配合上司的这些习惯,那就更容易产生共鸣。

3. 看着对方的眼睛

在听对方说话时,最好看着对方的眼睛,这是"听"的一个诀窍。当上司与你谈话时,特别是上司在向你作指示的时候,你总是望着头上的天花板,头脑里想着今晚与朋友约会的事,对方肯定就会对你产生反感,因为他会觉得你不尊重他。相反,在对方说话时,如果你看着他的眼睛,那么,对方就会自然而然地产生一种亲近感。

有些人在听对方说话的时候,虽然在看着对方的眼睛,但心里却想着别的事,对方也一定能看出你的心不在焉,这样,事情的结果会变得更糟。

4. 让对方说完

在听别人说话,特别是在接受上司指示的时候,还有一条重要的原则,就是一定要让对方把话说完,中途不要随意打断。如果你有疑问,也不要急于提问,可以先记下来,待对方说完之后,再提问题。

5. 重复对方的要点

不论是在接受上司的指示,还是在听取客人介绍情况,当对方说完之后,都别忘了将对方所说的要点重复一遍。特别是在商定双方见面的时间、地点时,一定要将日期、时间、地点和人员重复一遍,以免出现差错。

6. 不清楚的地方一定要问清楚

有些秘书由于害怕上司的责备，经常对自己没听懂的地方不敢问第二遍。当然，秘书在接受上司的指示时，精神应该高度集中，但是，对上司的指示确实有没听明白的地方或者觉得上司有些含糊其辞的时候，秘书绝对不能有半点含糊，特别是在安排工作日程时，对于一些时间和地点的安排，如果有不清楚的地方，一定要问个明白。

在工作中经常会出现这样一种情况，由于某件意外事情的影响，上司的工作日程被打乱了，并引起一连串反应，必须调整后面各项工作的时间。比如原定上午10:00接待天成公司的赵总，现在必须推迟到下午1:30；而原计划安排下午2:00去昌盛公司的计划则不得不取消……面对这种多米诺骨牌效应，秘书必须及时通知有关方面。但是，当秘书向上司汇报与各方面联系的结果时，上司心里可能还在想着下午怎样向天成公司赵总道歉的事，显得心不在焉，所以，这时秘书要大胆地问，必须得到上司明确的指示才行。

7. 不要问得太急

对方说话的时候，你把自己的疑问记下来，待他说完之后再提出来，但是，提问时也要注意分寸，对方刚说完，你就一个接一个地向他提问题。这会使对方感到恼火，因为接受别人的提问需要在心理上有准备，所以，提问不能太急。

8. 集中注意力

秘书工作很忙，但当别人到你办公室来谈工作时，你一定要集中精神与对方交流，不要在别人跟你说话时，你一边看文件，一边回应对方，更不能打电话。如果你手头的工作实在很紧迫，那你就要向对方说明，另约时间。不能集中精神与对方沟通，既不能达到沟通的效果，更是对对方的不尊重。

二、"说"的方法

人们常把秘书戏称为"联络官"。事实上的确如此，因为秘书的一大基本任务就是与各方面联络。上下之间，左邻右舍，大多是靠秘书来沟通情况的，它不仅要求及时，而且要求准确，所以，秘书工作对秘书"说话"的要求非常高。其实，不止是秘书工作，即使在我们的日常生活中，相互交谈或报告演说，对"说"都有一定的要求。那么，"说"得好与坏的标准是什么呢？很简单，这就是看对方是否完全明白你说的意思。

1. 语言通俗易懂

秘书是联络官，就自然而然地要与各方面的人打交道。这些人不止是本公司的，也有外单位的，所以，秘书说话时在语言上要有所区别，有些简称和略语在本公司里已约定俗成，如果不这样说，可能反而显得不自然，但是如果对外单位的人也这样说，则有可能让对方莫名其妙。

许多人对自己的专业有一种自豪感，所以在说话的时候，会不时地说出几个专业名词来，这是完全可以理解的。但是，作为秘书，当你与同事或客户沟通时，最好不要用专门术语，因为你沟通的目的不是炫耀自己的学问，而是让对方了解自己的意思。在沟通时，遇到专有名词，尽量将它口语化，让别人听得懂你的意思。有些秘书为了表示自己的优越感，在与客人沟通时喜欢不时说几个英文单词，这很容易让对方感到自卑。秘书在沟通时应尽量不使用高难度用语，如果使用也要马上补充说明。

2. 看对方的眼睛

在自己说话的时候,最好也看着对方的眼睛。如果你在说话的时候,目光游移,东张西望,不仅是一种缺少涵养的表现,而且也会使对方怀疑你的诚意。不过,你也不能死盯着对方,要注意掌握分寸。

3. 掌握节奏

不管是秘书还是领导人,每天都非常忙,为了节省时间,秘书在向上司反映情况或汇报工作时,总是希望快点把话说完,所以,经常出现这种情况:秘书不管上司是不是在认真地听,说话像扫机关枪似的;自己以为说完了,可对方并没有真正去听或认真理解。即使理解了,也没有余地思考,所以很难收到预期的效果。

比如,秘书正在与某公司的秘书商定今晚双方上司见面的有关事宜,当对方提出见面的时间、地点及人员时,正坐在秘书旁边的上司问秘书:"这次就不让销售部的李经理参加了,你看这次还派谁去比较合适?"秘书想了一会儿说:"市场部的江经理前一段身体似乎不太好,现在已经基本好了,听说胃口很好,我看派他去比较合适。"对于你的建议,上司也许要好好斟酌斟酌,因此,在这时你不能说得太快,而且不能说得太多,否则会使上司厌烦。总之,在你说话的时候,要注意对方的表情和反应,以便随时调整自己说话的节奏。

4. 回答时不说一个字"是"或"不"

除了附和上司时可以只说一个"是"之外,秘书在回答上司的问题时,不要只说一个"是",最好说"是,我知道了"或者"是,我也是这么想的"。一定要避免仅用一个字回答上司的问题。

在英语里有"单音节回答"(Mono-syllabic Answer)的说法,如"Yes"和"No"。在一般的交流中,最好不用这种"单音节回答",因为这种短促的答复很容易被对方理解为"交流到此为止",从而导致交流的气氛冷淡下去。即使连说"是,是"性质也差不多。

一般来说,上司在听秘书介绍情况或汇报工作时,可以不时地说"嗯"或"噢"等字眼,但是,秘书在听上司说话时就不宜使用这类字眼,即使"是吗"、"真的"这类句子也应避免使用,因为这种疑问句有可能会让上司感到秘书不信任他,从而破坏双方的互信关系。上司说完之后,秘书可以表示"谢谢,我知道了"或"谢谢老板的指点"等,不仅表示理解了上司的意图,而且还要表示对上司的敬意。

会听话的秘书不仅在听的时候会点头,而且会附和,他们还能制造一种良好的沟通氛围,从而鼓励上司"畅所欲言"。这种技巧只有靠自己去尝试和体验才能提高。

为了提高"说"的技巧,秘书要把掌握说话的节奏当作一项基本功来修炼,做到见缝插针。在日常生活中,似乎很少有人去注意自己说话的语调。但是,对于秘书来说,必须注意自己的语调,因为一个人说话的语调往往能反映他的整个精神状态。人们常常评价某人的语言富于感染力,实际上就是说他注意了语调,抑扬顿挫,富于激情。如果秘书做到了这一点,那么,不仅能给谈话本身营造一种亲切的气氛,而且还能缩短你与对方理解上的距离。

在与客人交谈时,当你阐述了自己的观点或提出了新的意向,对方肯定要发表自己的意见,是赞成还是反对,或者还要考虑一段时间,因此,在客人发表意见时,你不能无动于衷，在对方说到关键的地方或者停顿的时候，你要稍微点点头或说"是的"、"是吗"，这样就表明你是在认真地听取他的意见。

对于这一点，特别是在接待那些没有预约的客人时要注意。由于对方不请自来，一些秘书会因为他们打乱了自己的工作安排而产生厌烦情绪，想尽快把他们打发走，因此在对方说话时无动于衷，这样就有可能伤害对方的自尊心，对你缺乏诚意而产生反感。秘书千万要注意，只要在这些客人中有一两个是领导的重要关系户或上司少年时代的密友，那你就有可能铸成大错。

三、肢体语言的运用

人们在交流沟通过程中，并不只有语言在传达信息，交流信息的要素很多，比如，说话时的重音、口齿是否清楚等因素，都作为准语言在影响谈话的效果，甚至连衣着打扮也作为一种沟通工具在向对方发出某种特定的信息。有时，你找同事沟通，他一言不发，这种沉默实际上也是一种"语言"。这些都可以说是"肢体语言"在起作用，所以，作为秘书，不仅要熟悉基本的肢体语言，还要能运用肢体语言帮助自己达到最佳的沟通效果。

1. 肢体语言的含义

肢体语言（Body Language）又称身体语言，是指运用身体的各种动作代替语言以达到表情达意的沟通目的。哈佛大学曾经对人的第一印象做了行为研究报告，报告指出：在人的第一印象中，55% 来自肢体语言，37% 来自声音，8% 来自说话的内容。

2. 肢体语言的意义

在沟通中如果没有肢体语言的辅助，那他就会显得非常拘谨；当然，过多或不合适的肢体语言也会让人望而生厌，只有自然和自信的肢体语言才会让人们的沟通更加自如。人们通过眼神、手势、面部表情、动作以及身体姿势表达出的各种含义，其效果远远超过语言本身。比如，你用微笑和伸手表示自己非常友好，用皱眉和严肃的表情表明自己不满或兴趣不大，对方都很容易感受得到，可以说"此时无声胜有声"。

掌握常用的肢体语言应当是秘书的基本技能。秘书必须具备"看人"的能力。所谓"看人"，实际就是看懂对方通过肢体语言表达的想法与情感。比如，陌生的客人一进门，你就要通过他的衣着打扮和面部表情，八九不离十地猜出对方的身份和来访的意图，从而采取相应的接待方式。

但是，人们的肢体语言远不如口头或文字语言那样具体明了，而且每一个人的眼神、手势和语气都各不相同，即使同一个人同一种眼神或手势在不同的时间和地点也表达不同的意思，所以，对肢体语言不能只凭自己的主观判断，应该反复观察，细心体会，以免出现误会反而增加沟通的困难。

3. 常用的肢体语言

人类肢体语言的"词汇"非常丰富，比如在交谈中，对方一直在仰视你，那就表示他对你的尊敬和信赖；如果他手撑下巴，表明他正在思考；如果他站在你面前双臂交叉，表明他对你有强烈的优越感……如果对方总是不开口，实际上那也是一种语言，也是一种表态。

人们在沟通过程中,利用肢体语言交流的信息超过了一半。对于秘书来说,眼神和表情是最重要的沟通工具。

第三节　与上司沟通的要点

一、请示的要点

1. 要点之一：自己职责范围内的事少请示

对于那些刚从事秘书工作的人来说,哪些事要向上司请示,哪些事可以自行处理,是很难把握的。如果秘书自行处理,上司可能会问:"为什么不先请示?"如果秘书经常去请示上司,他可能又说:"你怎么没有一点主见,什么事都来烦我?"

那么,到底哪些事需要向上司请示,哪些事秘书可以自行处理呢? 一般来说,规定属于秘书职责范围内的日常工作,秘书可以自行处理,无须请示上司,只有遇到新情况或新问题,秘书自己不能作出判断时,才需要请示上司。但问题是秘书的职责范围往往不是很明晰,这就给秘书的工作造成很大的困惑。

了解上司是做好秘书工作的前提。秘书要把握好哪些事需要请示哪些事可以自行处理的分寸,就必须了解上司的工作习惯。有经验的秘书会根据上司的工作习惯对上司的工作进行分类。对于那些上司认为很重要无须秘书过问的工作,秘书就不要去管它,遇到了秘书就要向上司请示,并且一定要按他的意思去做,坚决执行;对那些上司认为重要,但又需要秘书辅助的工作,秘书一定要请示,但可以提供自己的建议,并积极收集信息,供上司做决策时参考;只有那些上司不太关心的或认为没有价值的小事,秘书才可以自行处理。

2. 要点之二：请示之前做好预案

由于上司的精力有限,有时也不方便作指示,所以,秘书在去请示上司之前,最好自己先打好腹稿,这样,当上司面对你的请示也感到为难的时候,你可以说出自己的想法,供上司参考,而不是当甩手掌柜,把问题全部上交,让上司为难。比如,"头儿,关于××问题,我想出了三个方案……您看哪个方案比较合适?"这时上司就比较好做决策了。

现在职场流行一个这样的笑话:一天,一个秘书在走廊上拦住他的上司:"头儿,关于××工作,有些问题我搞不明白,我想找个专门的时间向您请示,您看可以吗?"

"可以!"上司很爽快地回答。

"那您什么时候方便?"秘书问。

"在你把问题搞明白之后我都很方便!"上司回答。

这个笑话听起来有点像黑色幽默,但在现实中确实存在着大量这样的现象。

3. 要点之三：请示要注意时机

秘书在请示之前,一定要衡量一下,是否会让上司为难。如果事情并不十分迫切,又需要上司承担比较大的风险才能去做,那就暂时不提。当然,事情都会变化的。比如,你想换台新计算机,如果是在成本分析会上提出来,那上司肯定不批。如果是上新项目时提出来,说旧计算机影响工作效率,上司就有可能批准。

在请示工作时,秘书还要看场合。比如,上司刚发过火,气还没消,秘书去向他请示这个请示那个,那肯定没什么好结果。所以,什么事在会上请示,什么事在办公室请示,什么事在偶然碰到时请示,最好都事先计划好。同一件事,场合不同,效果就不一样。

上个月,张三拜访客户,来回打出租车花了近一百元,上司大笔一挥就签字给报销了。可今天张三又拿着五十多元的出租车票去报销时,被上司臭骂了一顿,说他是"败家子",公司不予报销。这不仅让张三大为恼火,也让张三大为不解,觉得上司像玩戏法似的,想怎么玩就怎么玩。

这固然有上司的原因,但作为秘书,也有张三自己的原因,而且最大的原因可能是她没有把握好请示的时机。她可能认为,向上司请示,只要把事情说清楚就行了,根本没必要在乎在哪儿说,在什么时候说。比如,公司大老板正在搞增收节支活动,号召各部门抓成本控制,而张三这个时候拿出租车票去报销,会被上司当作"顶风作案",所以他会拒绝。

二、汇报的要点

1. 要点之一:完成工作后一定要汇报

上司把工作交给秘书之后,一般都会惦记工作的进展。如果秘书不给他汇报,他就不知道工作是否已经完成。所以,一旦完成了工作,秘书就应向上司报汇。如果秘书要等到上司来问"你工作进展如何"时才汇报,那就是秘书不称职的表现。

一般来说,上司的口头指示秘书就用口头汇报,书面指示必须书面汇报。对于那些周期长、情况比较复杂而又比较重要的工作,不仅在完成之后要有书面汇报,在中途还要有不定期的口头汇报。

2. 要点之二:首先汇报结论

在向上司汇报工作的时候,要注意先汇报结论。向上司汇报时要尽量减少不必要的背景介绍,按结论、经过和理由这样的顺序汇报(也可以按结论、理由和经过这样的顺序汇报)。比如,秘书可以这样对上司说:"关于××工程投标的事,我们落标了。"如果上司问为什么失败,秘书再说明失败的原因。秘书汇报时应先汇报上司最想知道的"结果"。上司知道结果之后,如果他还有兴趣和时间,就会问秘书事情的原因和经过,考虑下一步的对策。

在汇报时不要过于详细,担心上司不明白,只要汇报按上司的指示把工作完成就行,比如上司让秘书帮助发封信,秘书办完之后,只要对上司说句"刚才那份文件已用挂号信寄走了"就可以了。

秘书在向上级汇报时,应习惯换位思考,了解上司正在准备什么工作而需要什么样的信息、什么样的信息能让上司工作起来游刃有余。比如,公司一个大客户因为不满意公司的售后服务而准备与竞争对手合作,出了这么大的事,上司一点信息都不知道,那就说明秘书没有事先给他提供信息,工作有问题。

3. 要点之三:根据上司的工作习惯汇报工作

上司的工作习惯分很多类型。根据听取汇报的方式,可以分为只要结果不听过程的上司、喜欢发问的上司等。作为秘书,面对不同类型的上司要有相应的汇报方式。

有的上司是急性子,只听结果,不问详情;有的喜欢用数据说话;有的喜欢听口头汇报;有的喜欢看表格;有的反感在非工作时间接与工作相关的电话,有的则毫不介意……所以,秘书要先弄清自己的上司属于哪种类型。如果上司是急性子,秘书就要直接汇报结果,然后再把详情写成书面材料交给上司;如果上司喜欢用数据说话,汇报时就要尽量用数字说明问题。

4. 要点之四:注意选择合适的时机汇报

向上司汇报工作,要选择合适的时机,最好在完成某项工作之后或者在谈完其他工作的时候顺便汇报;如果情况不紧急,一般都是事后汇报,不要打断上司的工作进行专门汇报。

5. 要点之五:坏消息尽早汇报

无论是上司还是秘书,双方都应该意识到平时多交流的重要性,不要以为没出什么事就不需要交流,如果等到出事之后再去交流可能就晚了。

发生问题的时候,秘书推迟向上司汇报,或者在汇报的时候用一些暧昧的词句掩盖事情的真相,都是不负责任的行为。很多上司从秘书那里听坏消息的汇报后,他们的第一反应就是:"事情都到了这个地步,你怎么不早说?"在他们的潜意识里,秘书不尽早把坏消息向自己汇报,就是为了逃避责任。这不仅不利于上司与秘书之间的互信,也不利于整个部门或团队工作的展开。

如果上司能尽早地从秘书那得到坏消息,他就能尽快采取应对措施,将问题消灭在萌芽状态,这实际上也是对秘书的一种保护。所以,当秘书发现自己工作中有"坏的苗头"出现的时候,就应老老实实地尽早向上司汇报。纸是包不住火的,包得越久对自己的伤害就越大。

6. 要点之六:利用汇报适当地表现自己

在汇报了结论之后,接下来应该汇报哪些重点呢?什么事该汇报,什么事不必汇报?琐碎小事是否可以省略,是否需要将工作过程事无巨细地一一说明?有不少秘书对这一点拿捏不准。其实,只要时间允许,都应该尽可能详细地向上司汇报过程和细节。比如,秘书向上司汇报客户同意签合同,同样是"客户同意了"的结果,上司可以从秘书详细的汇报中,揣摩出客户同意到什么程度,说同意时又是怎样的语气。如果客户拒绝了,上司也可以判断出是真的没有希望了,还是仍然有谈判的余地。听了秘书详细的汇报后,上司和客户见面时,就能提前做好有针对性的准备。这样详细的汇报,实际上也是秘书为上司提供决策所需的信息。因此,也可以说是秘书向上司表现自我的绝佳机会。又比如,上司安排秘书准备下周的会议资料,资料做好后发给所有参加会议的人。这是件极其普通又没什么难度的事,上司自然不会给予太多的关注,秘书也没有必要进行专门的汇报。但是,如果秘书在开会前一天向上司汇报一句"会议资料已经准备好了",那就能让上司放心,使他对秘书产生一种"这小子工作踏实"的信任感。让上司放心,这一点对秘书尤为重要。

三、提问的要点

1. 要点之一:上司忙碌时的提问方式

"老板,成都李经理又来电话问合同的事,我怎么答复他?"

秘书在遇到疑难问题时，一般都会这样问上司。

但是，如果上司正在忙碌，他就会讨厌秘书的这种问法，因为对这类模糊的问题，他不能简单地回答"是"或"不"，他先要花时间去了解秘书所提问题的来龙去脉。

在上司忙碌的时候最好用以下几种方式提问。

（1）用"是"或"不是"提问

比如："老板，成都李经理又来电话问合同的事，我是同意他修改合同条款还是不同意？"

（2）用"是吗"提出问题，请上司确认

比如："老板，成都李经理又来电话问合同的事，我同意他修改合同条款，是吗？"

（3）用"不是"提出问题

比如："老板，成都李经理又来电话问合同的事，您不同意他修改合同条款，是吗？"

（4）可以用数字回答的问题

比如："老板，成都李经理又来电话问合同的事，我们是同意给他增加 30 万元的货款还是 40 万元的货款？"

（5）可以用事实回答的问题

比如："老板，成都李经理又来电话问合同的事，我们是同意去成都还是不同意去成都？"

（6）可以用选项回答的问题

比如："老板，成都李经理又来电话问合同的事，您觉得是去成都比较合适，还是不去比较合适？"

秘书用"怎么办才好"这种方式向上司提问，上司可以根据自己的看法自由地回答秘书，这对秘书全面了解上司的态度或方法，从而处理好自己面临的疑难问题的确非常重要。但是，秘书这么提问时，应该考虑到上司的实际情况。如果上司很忙，秘书问他"关于这个问题，我该如何处理"就要让上司停下手中的工作来思考秘书提出的问题，会浪费上司的时间。对于特别忙的上司，为了尽量不浪费他的时间，秘书一定要注意提问的方式。比如，秘书提的问题不模糊："我用这样的方式处理，您看可以吗？"上司只要加以确认就可以了。也就是说，与"我该怎么办"这类提问相比，"我用这样的方式处理，您看可以吗"这种提问更具体，因而上司更容易回答。

从上司的角度来看，如果秘书总是提这种开放但又模糊的问题，他就会对秘书产生反感："你怎么一点脑筋都不动，遇到芝麻大的事就要问我!"因此，为了提高与上司沟通的有效性，秘书在向上司提出"怎么办"的问题之前，一定把问题具体化，并提出自己的意见，供上司参考。

2. 要点之二：向上司提问之前自己要把问题想好

"只要有不明白的地方，随时都可以来问我!"一些热心的上司经常对秘书这么说。秘书在工作中遇到难题，当然多是向上司请教。但是，在实际工作中，当秘书遇到难题时，还是应想一想：除了向上司请教，自己还有没有其他的选择？比如，是不是可以向其他老同事请教？

虽然上司说了"什么问题都可以问"，但是，如果秘书连一些最基本的问题都去问上司,很可能会招致上司反感。因此,秘书在向上司提问之前,自己先要想好:这个问题上司能不能回答?非问上司不可吗?是不是可以向同事或客户等其他人请教?自己先把这些问题想清楚,是秘书向上司提问的前提。

3. 要点之三:一定要注意提问的时机

要想得到上司的有效回答,就必须选择合适的时机向上司提问。什么时候才是合适的时机?这要根据实际情况来做判断。比如,秘书将自己的工作总结交给上司,他正在浏览总结的标题时,秘书可以提问:"头儿,我有个问题想问,您现在方便吗?"相反,如果上司在处理紧急工作,比如,他一边打电话一边做记录的时候,秘书问上司:"头儿,对不起,打断一下,我现有个问题解决不了,麻烦您给我指点一下。"上司肯定会很不高兴。

四、提建议的要点

1. 要点之一:不能伤害上司的自尊心

秘书给上司提建议是建立良好的上下级关系的一个重要途径,但有一个重要的前提,就是秘书在提建议时不仅不能伤害上司的自尊心,而且不能剥夺上司的选择权。

如果你还不是一个经验很丰富的秘书,那么,原则上你应尽量少给上司提建议,至少提建议时要慎重。因为作为秘书,你的职责是为上司处理一些日常杂务,而不是参与经营决策。

在实际工作中,秘书对某些具体问题可能看得比上司还要清楚,而且也能发现不少问题;即便如此,由于秘书看问题的角度与上司不尽相同,而且很多时候也不知道上司工作的重点在哪里,所以,尽管秘书就某个具体问题提出的建议有一定的价值,但在上司看来这种建议可能仍然无足轻重,不仅如此,还有可能干扰自己整体的工作部署。因此,当秘书觉得有必要给上司提建议时,首先要考虑自己是否和上司站在同样的角度和高度看问题。如果你对上司的工作内容和思考问题的方式不是很了解,那么,你的建议有可能只会给上司的工作添乱。

秘书一定要熟悉上司的职责范围和思维方式,知道他当前工作的重心在哪里和工作的出发点是什么。只有做到了这一点,秘书才有可能抓住机会给上司建议。可以说,能给上司提供合理而又及时的建议是秘书水平的最高表现。

年轻的秘书原则上不要给上司提建议,但是,这并不是说作为秘书不能给上司提建议,比如当上司要求秘书提建议或征询秘书的看法时秘书可以谈谈自己的看法;又比如在与上司讨论一些非经营决策性的问题时,秘书可以提这么一些建议,如怎样保持健康,在什么地方开会比较合适,在什么地方请客人吃饭等。

提建议与前面提到的秘书向上司提问一样,如果秘书总是强调自己的意见或想法,就很容易让上司产生反感。即使上司勉强接受了秘书的建议,也会以为秘书自以为是,这会对以后的交流带来潜在的障碍,从而影响双方的互信,最终结果可能是上司应付了事。由于得不到上司的真正支持,秘书的建议也是只开花不结果。

比如,秘书对上司说"我这个提议就应该通过",即使这是个不错的建议,上司也很难接受。如果秘书换一种说法:"就这个问题我想了很久,觉得可行性比较大,头儿,您觉得如何?"由于秘书表现出非常尊重上司的态度,不仅容易让上司接受,而且也容易与上司建立起互信的关系。

2. 要点之二：灵活运用各种类型的建议

建议有各种各样的类型，作为有代表性的类型，主要有如下几种。

（1）"……您觉得怎么样？"

这多是一般性的建议，比如："头儿，我看这个协议还可以，您觉得怎么样？"

（2）"……这样不行吧？"

这是引导上司说"是"的建议，比如："头儿，这个协议里说要预付50%的货款，这样不行吧？"

（3）"A 和 B，还有 C 三种方案，您看哪个合适？"

这是让上司从选项中挑选的建议。

（4）"您是否还有其他的方案？"

这是增加选项的建议，比如："头儿，这里有 A 和 B 两种方案，您是否还有其他的方案？"

（5）"……也有这样的方案，您觉得怎么样？"

这是改变角度的建议，比如："头儿，这里有 A 和 B 两种方案，还有 C 方案，您觉得怎么样？"

（6）"……关于××方案，您的意见如何？"

建议的类型不止这六种。如果秘书能根据实际状况有效地灵活运用，将大大提高与上司沟通的效果，增加与上司的互信。

3. 要点之三：要给上司留有"补充"的机会

一个好的建议应当考虑周到，以便切实可行。但是，秘书的建议又不能太周到，让上司只说一个"是"就行了。如果一个完美的建议是 100 分，那秘书的建议最好是 95 分，最多不能超过 98 分，因为还要给上司留下"补充和完善"的机会。当秘书把 95 分的建议提交给上司，上司把它完善之后，秘书要及时称赞上司画龙点睛。这样，上司也许会谦虚地说："我也只是做了我应该做的。"无形之中，上司与秘书之间的关系更加和谐了。

4. 要点之四：说话尽量婉转

一般来说，秘书给上司提建议是为了做好工作，尽一个秘书的责任。但上司毕竟是上司，地位高于秘书，作为接受方，尽管上司的理智告诉他秘书的建议是合理的，但在感情上他还需要有一个接受的过程，所以，一些上司对秘书的建议都会出于本能反驳几句。为避免上司误解，秘书给上司提建议时必须注意自己的措辞和说话的分寸。比如，当上司忘记了与自己的某位朋友见面时，你可以用一种比较随意的口气说："您好像有个约会吧！"给上司提个醒。

特别是提一些有关原则性或决策性的建议之前，秘书一定要做些铺垫，不能开门见山，有话直说，应当有"不好意思"之类的客气话作铺垫，先营造一个平和的气氛，不能提出直接的批评。比如"也可能是我多嘴，有几句话我还是……"之后再进入正题；说完之后，一般要再加这么一两句："关于××问题，我是这么看的，不知对不对……"由于秘书采用的是间接的询问方式，即使上司不接受，也不会当场拒绝。

秘书给上司提建议，不能用"……是不允许的"这种否定式的建议，这种方式最容易引起上司的反感。就像前面曾举的那个喝酒的例子,虽然秘书让老板少喝酒是好意,但作为秘书你不能给上司作指示,让他具体如何去做。

5. 要点之五:不给上司有先见之明的感觉

秘书给上司提完建议之后,不要老是说自己在事前已经提醒过你,给上司一种秘书有先见之明的优越感;如果上司没有接受秘书的建议,秘书也不要再说什么,不要对同一个问题反复建议;秘书也不要问上司在接受你的建议之后产生了什么效果;即使秘书认为自己的建议很有价值,但建议毕竟只是个建议,秘书不能为了让上司接受它而感情用事,更不能对上司穷追不舍。

五、表示敬意和感谢的要点

1. 要点之一:称赞上司之后应加上感谢

秘书称赞上司时,一定要注意方法,最好在称赞之后加上感谢的意思,这样就容易引起上司的共鸣。在表示感谢的同时也表示敬意,将"感谢"和"敬意"叠加,可以达到"1+1>2"的效果,能给上司带来更大的感动。

秘书通过利用上司的资源完成了任务或使自己取得了进步,在心里对上司充满感谢之情的同时自然会对上司充满敬意。比如,秘书按照上司的指示把写好的报告送给他的时候说:"头儿,多亏您的及时提醒,让我在起草时少走了很多弯路,真是太谢谢了!"。

可能是受传统文化的影响,很多人喜欢含蓄,不愿将自己内心真实的感情表达出来。但是,对方是上司,他给予了秘书帮助,秘书表示自己的感激是基本的礼貌,所以,秘书一定要将心中的敬意也明确地表达出来。

秘书在表达赞扬和感谢的时候,脸上的表情要和语言配合,这样才会有真正的效果。也就是说,秘书不仅要用语言称赞上司,而且要运用整个态度和表情,即发自内心地称赞。

2. 要点之二:称赞事实

上司在称赞秘书的时候,一般都是用这种方式:"你写的这份报告,第二部分的建议很有价值。"由于上司说得很具体,秘书就觉得上司很重视自己的报告,留意了每一个细节,所以,相互信赖的关系又加深了。

秘书称赞上司的时候,最好也以具体的事情为主,当然,有时候应模糊一点,比如,秘书可以这么称赞上司:"这一段时间由于得到您的大力帮助,我觉得自己进步很快,所以非常感谢您!"

但是,实际上上司的哪些指导有效,双方可能都不太清楚。而且如果你说这部分指导有效,那是不是意味着那部分指导没效呢?因此,应根据上司的个性特点和当时的具体情况来称赞上司。

3. 要点之三:称赞要适时

秘书称赞上司和向上司提问一样,在时间上要把握好。大多数上司都很忙,他们没那么多时间与精力来与秘书作细致的沟通,所以,如果没把握好时机,秘书称赞得再好,上司也可能听不进去。比如,秘书说:"头儿,这件事真的非常谢谢您!"可上司连头也没抬起来,继续看自己的文件,只是在口头上应付秘书:"哦,是吗?"

另外,称赞应该在事情完成的当时进行,如果过了几天甚至几周后去称赞,已经失去了意义,上司可能会因莫名其妙而反问秘书:"你说的是什么呀?"如果要表示自己的感谢、敬意和收到礼物时的谢意,最好在事情刚刚结束时进行。

4. 要点之四:称赞要发自内心

有很多秘书在称赞上司时会感到羞涩,不好意思开口。其实,这没什么难为情的,只要秘书是想真心表示自己的敬意就行,在很多时候,那些平凡朴素的语言比那些华丽的辞藻更能打动人心。如果你是一个不习惯称赞别人比较害羞的人,那你就不能真实地表达自己的敬意与感谢之情,这对于你建立起和谐稳固的人际关系,特别是与上司建立起互信关系有些不利,所以要改变。当你想要表达自己的敬意而又难以启齿的时候,你不妨把这份敬意想象成一种工作建议,这样你就会自然而然地说出口了。反复练习几次,你自然就会流畅地表达自己的敬意了。如果在称赞上司的时候还有些紧张,那你就事先找个地方彩排一下。

称赞上司最好按照上司的习惯和个性来进行,有的上司喜欢你用华丽甚至有些夸张的语言称赞他,气氛热烈;有的则喜欢你用朴实但准确的语言称赞他。那些善于称赞上司的秘书,在称赞上司的时候都能恰到好处地把握上司的习性和情绪。

5. 要点之五:不能伤害上司的自尊心

秘书在称赞上司的时候,有一条重要的原则,那就是不能伤害上司的自尊心。有些秘书本来想赞扬上司,可话说出口之后,却伤害了上司的自尊心,这种现象在日常工作中并不少见。比如,上司加班加点赶出一份会议文件,秘书看后说:"头儿,没想到您的文笔这么好!"这与其说是赞扬,倒不如说是贬低上司。见上司从外面拜访客户回来,秘书忙说:"头儿,您辛苦了!"这本来是表示关心,但在上司听来却像对方成了自己的老板。所以,秘书称赞上司的时候,一定要注意言辞。

六、提醒上司的要点

有很多领导人工作十分忙碌,再加上不会管理自己的时间,因此,他们在工作中容易出现"忙乱"的现象,该打的电话忘记打,客人按时到了他还在忙别的事情……因此,秘书要经常提醒上司,以保证工作效率。

1. 要点之一:用征询的口气

秘书提醒上司时最好用征询的口气。比如,上司昨晚从成都出差回来。他在成都受到了经销商王经理的热情款待,并陪他去都江堰参观游览。今天早上一上班,按惯例上司要给王经理打个电话,一是报个平安,二是道谢。可是,上司一进办公室,来汇报的人一个接一个,上司似乎忘了给王经理打电话的事。这时,你就要提醒上司:"我替您给成都的王经理打电话道个谢吧!"虽说上司不一定把这事给忘了,但由于太忙,也有可能会不小心忽略。

又比如,上司约好今天下午和某人见面,秘书上班后最好以询问的口吻提醒上司:"今天您要出去吧?"如果今天有会,那就要再提醒一下:"您今天要开会吧?"

2. 要点之二:书面提醒

书面提醒就是在公司的便笺上写上上司要做的工作。比如,这天一上班秘书就将写有"今天十点和天和公司的李总开会"的便笺放入上司的"待阅文件夹"中。即使上司没有忘记，但被人提醒一下，也可以加深印象。这样一来，他的日程表就能真正起作用了。

当然，有时上司会觉得秘书这种提醒太婆婆妈妈了，但这是秘书的职责，所以，即使上司有这种抱怨，秘书也不要太当回事。相反，秘书这种认真细致的工作态度，会给上司留下一个很好的印象，因而他会更信赖秘书。

思 考 题

1. 你与同学沟通时会观察对方的表情吗？为什么？
2. 你与同学沟通时是不是经常喜欢打断对方？为什么？
3. 你说话是不是喜欢直来直去，有什么就说什么？为什么？

第八章
chapter 8

用情商进行自我管理

（1）掌握感情管理的要点；
（2）掌握学习管理的要点；
（3）掌握健康管理的要点；
（4）掌握财务管理的要点。

一般来说，秘书们在智力上并无多大差别，秘书在工作能力上的差距主要是工作时不同的情感状态造成的，因此，要做好秘书工作就必须加强自我管理。自我管理是一个约束和规范自己行为的过程，而约束和规范自己行为就是调整情感状态的过程，因此，秘书必须提高情商，随时调整自己的感情状态，从而进行自我管理。

第一节 感情的管理

一、避免办公室恋情

秘书的感情管理主要是指避免"办公室恋情"。如果从单纯"找对象"的角度来看，办公室恋情是个不错的选择，可以充分地了解对方，在长期的接触中建立起的感情更牢靠，也更有魅力。

虽然许多公司并没有禁止公司员工之间谈恋爱，但公司不希望员工之间谈恋爱却是事实。即使公司不反对员工之间谈恋爱，作为秘书在公司内部谈恋爱也是不合适的。虽然喜欢或讨厌一个人，都是个人情感的表现，属于个人隐私，但是，秘书的这种个人感情因为是发生在"工作场合",双方在一家公司上班,秘书的感情不可能对工作没有一点影响。所以,秘书必须加强对感情的管理,尽量避免办公室恋情。

二、女秘书不宜独身

相对于男秘书而言,上司对女秘书还有"温柔"和"细心"等方面的要求。这是秘书工作对女秘书感情的独特要求,因此,即使工作能力再强,如果女秘书选择了独身主义,那她也很难成为一个优秀的秘书。现实中,很多人认为结了婚,特别是生孩子后的人不再适合从事秘书工作。的确,有了自己的家庭和孩子之后,会牵扯秘书很多精力,但是正因为结了婚、当了母亲,女秘书的思想才会变得更加成熟,心胸变得更加开阔。

虽然独身主义的兴起是社会进步的表现,但对于女秘书来说,如果独身久了,那就容易造成心理抑郁。如果秘书患了抑郁症,就会对什么事都没有兴趣,在工作中缺乏积极性和主动性是不可能做好本职工作的。

公司与秦皇岛恒润公司就合作开发新型压缩机项目已谈了大半年,由于就专利技术转让的估价问题分歧较大,项目进展缓慢。根据事先约定,今天下午2:30继续谈。上午11:30,恒润公司张总的秘书刘小姐给公司总经理秘书小雯来电话,再次确认下午会谈的事,说他们马上开车出发。放下电话小雯马上向总经理作了汇报。下午2:00小雯去给总经理送材料时,提起下午2:30与恒润公司谈判的事;听小雯这么一说,总经理说自己差点把这事忘了,并说不想见恒润的张总,让小雯自己处理一下。"客人马上到了,我不知道怎么处理!"小雯扭头就走,"你是老板,你自己看着办吧!"望着小雯的背影,总经理无可奈何地摇了摇头……小雯做了五年的公司总经理秘书,既能干又漂亮。但是,最近总经理慢慢发现她性格有些变了。过去,她为人非常热情,亲和力极强,可她现在为人越来越孤僻。比如,与过去相比,她少言寡语多了,而且独来独往,极少与同事交流。不仅如此,她还厌烦别人打扰,常常独处。更为可怕的是,她开始变得很执拗,凡事爱钻牛角尖,而且对他这个总经理说话也直来直去,甚至出言不逊。于是,总经理决定调整小雯的工作,让她到行政部去负责后勤。熟悉她的人,包括总经理自己也为她感到惋惜。

漂亮能干的小雯为什么不再适合秘书工作?原因是三年前与相爱多年的男友分手,使小雯最终选择了独身。

独身主义是小雯对现实生活的一种无奈的选择。但是,她慢慢地发现,自己周围独身的人越来越多,并逐渐地形成了一种独特的生活氛围。小雯越来越多地感受到了自身价值的提高和自身独立的重要性,享受着独身带来的乐趣和自由,生活的压力也不同程度地在减弱,她能更多地用理性来对待"事业和家庭不可兼得"这个问题了……因此,小雯很快就摆脱了失恋痛苦,在别人眼里,小雯对工作和同事依然热情似火,只不过是变成了一个"快乐的单身汉"……一年过去了,两年过去了,第三年又即将过去。小雯周围的人又渐渐发现,小雯已经不再是个"快乐的单身汉"了。与过去相比,她少言寡语多了,而且独来独往,极少与同事交流。终于,人们觉得小雯不再适合从事秘书工作。

第二节　学习的管理

如果秘书做好了自己的职涯规划,确定了自己的人生奋斗目标,那就要为自己的理想而奋斗。无论秘书选择了什么样的人生奋斗目标,首先是要做好知识上的准备。如果秘书职业奋斗目标是公司的行政总监,那就要开始加强行政方面知识的学习;如果秘书计划工作五年,在积累了一定的工作经验和人脉之后自己创业当老板,那就要学习当老板的知识。

要做好知识上的准备,就要根据自己的实际情况,选择合适的学习方式,比如,选择一些职业学校参加在职培训、在线学习,学习计算机、英语这类基础课程。在线学习的最大特点就是不需要脱产,在时间上比较方便;但是,由于没有老师面对面的指导,学习效果不一定很明显,而且这种学习的压力不大,容易半途而废。选择什么样的学习方式,关键看是否适合自己,自己在时间上和经济上的承受能力如何。在做知识准备的同时,还应注意素质的提高,如条件允许,经常去参观各种博物馆、展览会,丰富自己的人生阅历。

秘书的工作性质决定了秘书必须具备非常丰富的常识。秘书的工作不仅面宽,而且接触的人多,从各科室到公司领导,从公司内部到外来客人,因此,这就给秘书学习创造了条件。在秘书的日常工作中,只要处处做个有心人,学会观察周围的事,就会有收获。

因此,秘书每做一件事,每接触一个人之后,都要仔细想想,哪些把握好了分寸,哪些还有待改进;保持像海绵一样的心态,通过这种日积月累,秘书的能力就会在无形中得以提高。秘书大多年轻,在工作中容易出差错。但每次出差错后只要认真反思,吸取教训,学到的东西会更多。总而言之,要想成为一个优秀的秘书,必须具备良好的自我学习和积累的能力。

秘书一般都工作繁忙,用来学习的时间有限,所以,秘书不能只凭兴趣读书,读书应该有一定的目的性。特别是在工作一段时间之后,知道自己哪些方面知识欠缺,在哪些方面应该"充电"。如果有针对性地读书,学习的效果往往事半功倍。

企业成长需要核心竞争力,同样,个人事业成长也需要核心竞争力。核心竞争力的大小,一般不取决于能力的大小,而是看能力结构是否合理,是否符合时代的需求。因此,秘书不仅要刻苦学习,还要正确学习,否则就会被淹没在知识的海洋里。

第三节　健康的管理

上司对秘书的要求首先是头脑敏捷,秘书工作可以说既是脑力工作又是体力工作,因此,身心健康是从事秘书工作的先决条件。作为秘书,不仅要保持身体健康,而且要保持心理健康。只有保持身心健康,才能够在工作中保持相当的耐力和爆发力,出色地完成自己的工作,这是作为秘书最基本的条件。如果秘书今天头痛上医院,明天发烧在家休息,那她不仅不能完成自己的本职工作,还会影响她的上司和整个部门的工作。因此,秘书从平时起就要注意运动,每天保持充足的睡眠和有规律的生活,按时定量用餐等。

对于年轻的秘书来说,由于收入有限,应该根据自己的实际情况来选择锻炼的方式,比如,打羽毛球或练乒乓球,这类运动不仅实惠,而且很容易出汗,锻炼效果很好。如果工作繁忙,抽不出专门的时间进行锻炼,那就要见缝插针进行锻炼,比如在上下班的路上,少坐一两站公共汽车,用走路代替锻炼;为了增加运动量,尽量走得快些;平时一般不乘电梯。

秘书在工作中不能出现犯困"走神"的现象。秘书在接受上司指示的时候出现"走神",忍不住呵欠连连,上司看了会怎么想?即使他不当面批评秘书,秘书在那种状态下也不能完全领会上司的意思;吃不透上司的意思,对于秘书来说,后果可想而知。

另外,秘书经常需要加班加点,有时还要应付一些突发事件,这都要求秘书随时保持清醒的头脑和充沛的体力。即便不加班加点,晚上无论是在家看书还是到外面上课或者其他活动,都需要有充沛的精力。一个优秀的秘书,到每天正常下班的时候,还应保持正常体力的30%以上。不论秘书的经验多丰富,知识多渊博,为人多沉稳,如果整天病歪歪的,上司也不会真正信任他。

第四节 财务的管理

现在的秘书多是"80后"和"90后",在这些年轻的秘书中普遍流行这样一种观念,就是有钱就要花,辛辛苦苦地工作就是为了挣钱,所以,一旦手中有了钱,还不去痛痛快快地花,工作就失去了意义。消费意味着"花钱",花钱带来了"快乐的感觉",那才是真实的生活。因此,有些年轻的秘书将持卡消费作为时尚,结果越刷越穷,越穷越刷,像上了瘾一样。总以为自己会在下个月免息期之前还清上个月的债务,但是,不是忘掉还款日期,就是忘掉自己到底欠了多少钱,于是,透支再透支。

对于年轻的秘书来说,现在正是人生事业打基础的时期,除了知识,金钱也是他们理想大厦最重要的基石,因此,除了积累知识,还要积蓄金钱,否则,理想的大厦就像建在沙滩上,虽然盖起来容易,但支撑不了多久就会塌陷。无论是结婚成家,还是自己创业,或满足自己集邮这类业余爱好,都要以金钱为基础。作为白领,秘书必须有自己完整独立的人格。在经济上不依靠任何人,因为坚实的经济基础是维护自我尊严的必需。只有经济上独立才能享受到100%的成就感。

思 考 题

1. 你是怎样看待办公室恋情的?为什么?
2. 你平时喜欢运动吗?为什么?

第九章 chapter 9

秘书提高情商的方法

学习目的

(1) 了解自我检测情商的方法；
(2) 知道如何在日常学习和生活中养成良好的情商习惯；
(3) 掌握提高情商四种能力的一般方法。

第一节 秘书情商的自我检测

一、正视自己是提高情商的开始

几乎所有的秘书每天早晨出门上班之前都要照镜子，用镜子检查自己的头发是否乱了或衣服是否整洁。如果发现自己的头发乱了，就马上把它们整理好。其实，情商就是人们心里的镜子，一旦通过这面心镜发现自己感情变得紊乱，它就会立即采取行动将感情调整到正常状态。

一般来说，智商受遗传等先天因素影响较大，无论你怎么努力，它能提高的程度是有限的。情商也是一种与生俱来的能力，谁都拥有，但与智商相比，它受遗传等先天因素的影响要少一些，更多的是后天形成的，只要进行适当的训练，它就能得到大幅度的提高，而秘书每天的工作就是提高自己情商的最佳平台。提高情商的第一步，就是知道感情的重要性，关注感情。

小麦是公司销售部经理玛丽的助理。这次拿下LT公司的大项目，与小麦利用了自己的特殊资源有很大的关系。这天晚上,大老板大摆庆功宴,公司所有中层以上干部都出席。

在排座次的时候,本来大老板坐正中央,两个副总坐他的左右两边,玛丽挨着左边的副总坐,小麦挨着玛丽坐。但落座之后,大老板说这种座次不行,销售部是功臣,所以应该让玛丽挨着自己坐,于是,让坐在他左边的副总坐到他右边去了。坐下来之后,大老板还是觉得不妥,说今天的主角应该是小麦,所以,又让小麦与玛丽调换了座位。

座序排好之后,服务员把菜谱递给了大老板。大老板马上将菜谱递给小麦:"今天你是主角,想吃什么随便点!"

小麦推辞着,无奈大老板执意要求,于是点了个杭椒牛柳。

"这个季节吃牛肉容易上火,换条清蒸鱼!"坐在小麦旁边的玛丽说。

小麦看了看玛丽,觉得玛丽脸色阴沉沉的。她觉得有些奇怪,刚才换座位时,就发现玛丽脸上有些不悦。小麦不明白今天大家高高兴兴的,为什么玛丽一个人要拧着,与今天的气氛不协调。从此,她发现自己与玛丽的关系有些别扭了。很快,她知道玛丽是担心自己功高盖主。于是她开始反思:自己作为一个资深秘书,为什么不能与上司搞好关系?自己的问题到底在哪里?通过一段时间的反思,她找到的答案是"我的情商不是很高"。于是,她决定从提高自己情商着手来提高自己的职业竞争力。

应该说,小麦决定从提高自己情商着手来提高自己的职业竞争力,这是一种非常理性的选择。但是,现实中有很多秘书还是不重视那些能预兆自己职业发展即将面临困境的现象。比如,这天早晨你开车去上班,当你点火发动汽车时,听到发动机的声音有些异样。尽管这种异样的声音让你听起来不舒服,但你的经验告诉你:这种异样的声音表明汽车的发动机已经出问题了,所以你必须加以重视,否则随时有可能半路抛锚。但是,作为秘书,当你与周围的人,特别是与上司的关系变得不那么和谐时,你会不会一样警觉,静下来反思,想想自己到底在哪方面出问题了?

人际关系开始变得不和谐,这是一种职业发展的不祥之兆,虽然很多秘书为之困惑,但大部分秘书似乎都采取了放任自流的态度。只要未雨绸缪,秘书才能避免职业发展航程中的暗礁。

情商是构筑良好人际关系最实用的工具,但长期以来,很多秘书对情商并没有明确的了解,他们都是依靠自己过去的经验来处理问题,包括用经验来调节自己的感情。应该说,经验对秘书来说非常重要。林荫道上的一棵树掉了一片叶子,你不太在意,甚至讨厌落叶那种感觉,但经验丰富的人会自觉地考虑这片落叶带来的问题。

二、秘书情商自测的方法

情商由识别感情、利用感情、理解感情和调整感情四种能力构成。如果你如实回答秘书情商检测表(见表9-1)中的问题,你就能测出自己情商的高低,并了解自己情商四种能力是一种怎样的构成。知道了自己情商的四种能力中哪个强和哪个弱,就能在进行情商训练时做到有的放矢,对症下药。

第九章 秘书提高情商的方法

表 9-1　秘书情商自测表

能　　力	项　　目	计分
识别感情的能力	一般都能理解自己现在是什么心情	
	能敏锐地感受到自己心情的变化	
	能通过上司的表情等肢体语言了解上司的心情	
	在听上司说话时自己的表情随上司内容而变化	
	在与周围的人谈话时不仅关注对方的语言也关注对方的表情	
	合　　计	
利用感情的能力	能让上司感受到自己与他保持着同样的心情	
	能对上司喜欢的话题产生兴趣	
	为了能与同事一致行动可以随时调整自己的情绪	
	为了解决问题能营造出所需的气氛	
	看电视剧时能体会剧中人物的心理活动	
	合　　计	
理解感情的能力	能明白上司为什么发怒	
	即使上司心情不好也能分辨出不好的程度	
	能用恰当的词汇准确地表达自己的感情	
	能推测上司的心情将会出现什么样的变化	
	能理解上司做出各种决策的目的	
	合　　计	
调整感情的能力	即使情况非常混乱自己也能冷静地采取措施	
	即使工作不顺利也不会心灰意冷	
	当自己与同事产生矛盾时能在不伤害对方面子的情况下解决问题	
	当周围的人情绪低落时能给予对方恰当的鼓励	
	与关系不是很融洽的同事在一起时能修复好与对方的关系	
	合　　计	

秘书在检测自己的情商时应根据自己的实际情况,对以上各个问题,用1~5的数字做出实事求是的回答,并填入"计分"栏中。然后分项进行统计。计分方式如下:1分为完全不能;2分为不太好;3分为一般;4分为比较好;5分为很好。在完成总分统计后,将四种能力的得分填入秘书情商能力构成图(一)中,如图9-1所示。

每种能力的最高分为25分(满分),得22分以上是很优秀,19~22分是比较优秀,15~18分是很普通,14~10分则亟待提高情商,10分以下就要考虑是否继续从事秘书工作。

为了快速提高自己的情商,小麦参加了一个秘书情商培训班。在进行培训之前,小麦用秘书情商自测表检测了自己的情商。小麦检测出自己四种情商能力的得分后,将它们填入秘书情商能力构成图(二)中,如图9-2所示。从表中她看出自己的四种情商能力的强弱。这样,她就可以制订出有针对性的情商训练计划。

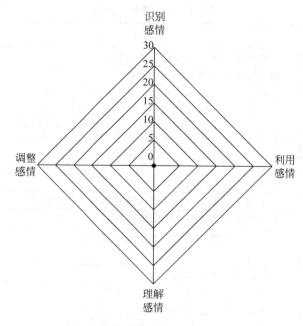

图 9-1　秘书情商能力构成图(一)

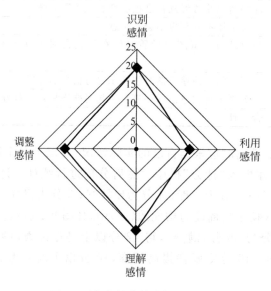

图 9-2　秘书情商能力构成图(二)

第二节 提高识别感情能力的方法

一、了解自己给周围的人的印象

感情中包含着丰富的信息,为了准确地传递自己的感情信息,让对方完全理解自己,人们不仅要善于思考,还要善于表达自己的感情。人们在沟通过程中,非语言要素(如表情、手势)在表达感情时起着重要的作用。为了准确而又充分传递这些信息,许多人在说话时都会用适当的表情和手势来配合自己所说的内容。

为了能让表情准确地表达感情,你不妨站到镜子前面,重复说几句表达自己感情的话,注意自己说话时表情。比如,你说"我很高兴"时,镜子里会出现什么样的表情?你还可以想几件让自己感到高兴的事,看看镜子里的自己是什么样的表情?

其实,不少秘书都不知道自己的言行给上司与周围的人一种什么印象和影响。如果让你听一段自己说话的录音或看一段自己的视频,你可能会对自己非常不满意,也有的秘书可能会觉得可笑。为什么会出现这种情况呢?这主要是因为秘书平时不太关注自己的感情,造成对自己的认识出现偏差。

由于这种自我认识上的偏差,那些内向的秘书可能会感到更腼腆,而那些外向的秘书则会显得更加自信。然而,内向的秘书更在乎其他秘书对自己的印象,所以,他们更显得自卑。因此,如果秘书想知道自己给周围的人什么样的印象,那不妨用这样的方法试试:你站在镜子前,模仿自己与同事打招呼(比如,早晨进办公室时对同事说"早上好")看看自己是什么样的表情;接下来对着镜子微笑,想象自己与同事眉飞色舞地介绍某商场打折的情况。你在镜子里看到了什么?你是觉得自己表现得太露骨了还是过于呆板?

如果公司有监控视频而你又方便查看,那你可以通过看这些视频观察自己与同事打交道时的情景,看看自己在视频里是什么样的形象。你可以先自己单独看视频,之后与同事一起看。听听他们对自己形象的意见,从而找到表达自己感情的最适当的方式。如果公司没有监控视频,你也可以用手机录像进行这种练习。

二、了解他人感情的三条途径

准确地认识情感的前提是"注意"感情。很多秘书都不善于识别他人的感情,这与他们很少关注他人的感情有关。由于他们很少关注他人的感情,所以,他们不仅不能理解对方(特别是上司)此时此刻的感受,而且他们在与对方面对面沟通时,也不能从对方脸上的表情中找到理解对方感情的宝贵线索。

提高识别感情的能力,要从注意自己周围的世界开始。大侦探福尔摩斯有极强的观察能力和逻辑推理能力,他能从一些细微的线索中找到破案的突破口。秘书要提高自己识别他人感情的能力,就要像福尔摩斯那样提高自己的观察能力。能帮助秘书正确认识他人情感的线索有三个:第一是面部表情;第二是说话的音调和语气;第三是注意对方说话时的姿势。

1. 面部表情

如果你与同事说话时,他一边认真听你说话,一边不时地看着你的眼睛,那就说明他非常重视与你的沟通,他不仅对你很有兴趣,而且希望能成为你的朋友。如果他与你是第一次见面,他的脸上一直都带着微笑,那就可以肯定他对你产生了兴趣,并希望与你长期交往。当然,如果他的眼睛一直盯着你,那就不一定表示善意,而有可能是一种威胁或恐吓。如果他在与你沟通时,总是显得很不耐烦,时不时跟你唱反调,那就说明他不太想与你打交道。

对于秘书来说,通过观察他人的表情来推测对方当时的感情是非常重要的,但是,通过表情识别对方的感情并不容易。不过,只要掌握了表达感情的基本原理,解读感情的能力就可以得到逐步提高。

人的五种基本感情和面部表情之间有着一定的关系(见表9-2),每种表情与脸上的器官都有明确的对应关系,秘书可以用它来分析面部表情与感情之间的关系,非常有效。

表 9-2　感情和面部表情之间的关系

感情	口	眼睛	鼻	其他特征
快乐	微笑	现鱼尾纹		主动积极
悲伤	面部朝下	眉毛下垂		缺乏活力
恐惧	歪曲	快速闪动		
愤怒	双唇紧闭	双眉上翘	鼻孔出粗气	
厌恶	双唇微张		鼻子往上缩	
惊讶	双唇大张	圆睁双目		动作突然中止

2. 说话的音调和语气

大量的事实证明,一个人说话的音调和语气,既与他的个人素质和习惯有关,也与他的感情状态有关(见表9-3)。因此,从对方说话的音调和语气上去了解对方的感情,是一条非常重要的途径。

表 9-3　说话的方式与感情

说话的方式	代表的感情
单调	无聊、寂寞
速度很慢而且低沉	忧郁、沉闷
速度快而且有强调的语气	热情
语调上升	惊讶
用暴躁的方式说话	自卫
说话简洁、音量很大	愤怒
音调很高但声音拖长	怀疑

3. 身体的姿势

身体的姿势实际上也是一种肢体语言,也在表达某种感情,因此通过观察对方说话时的身体姿势(见表9-4),也可以提高自己了解对方感情的能力。

表 9-4　肢体语言所表达的感情

肢体语言	具体的表现	代表的感情
方向	脸朝着你的方向	感兴趣
	脸转向别的方向	中止沟通
手腕	双手张开	开放
	双腕交叉放在胸前	自卫
姿势	身体向前倾	感兴趣
	身体向后仰	拒绝

秘书可以通过观察上司、同事和客人的面部表情、说话的音调和语气及说话时的姿势，分析他们当时的心情。如果一开始这么做感到有难度，不妨先看一些无声的电影（或视频）。自己先从互联网上下载一部过去没看过的电影，你也不知道它的内容。放映后，把声音调到无声；每次看一到两分钟，看完一节之后，把电影停下来，通过表情推测电影中人物的感情。当然，这么做也是有难度的。在对主人公的感情进行推测之后，倒带重新看一次，不过，这次是看有声的，以便与之前的推测进行对照。通过这样的反复练习，就能逐步从表情里找到了解感情的线索。

三、识别他人的谎言

人在撒谎时，一定会从其面部表情中反映出来，只不过有些人善于伪装，从而加大了识别谎言的难度。比如，你现在看到某个客人正在微笑，那么他所表现出来的快乐是真实的还是在有意掩饰他内心的不安呢？一般来说，微笑反映的是快乐的感情，但有些人为了某种目的会强颜欢笑。真正的笑容应该是双唇大张，眼睛睁大，眼角出现鱼尾纹，而装出来的微笑只是一瞬间嘴角向上翘一下，不会出现鱼尾纹。因此，不显鱼尾纹的"微笑"不是真正的微笑。所以，你要判断那个正在微笑的人是否真正快乐，就要仔细观察他的"微笑"。

虚假的微笑反映的不是真正的快乐，只是一种"谎言"。那么，秘书应该如何识别他人的谎言呢？首先，对谎言应该区别对待，因为谎言也有善意和恶意之分。一般来说，不是为了获得某种利益而说假话，都可以算作善意的谎言。小倩和男朋友小波在同一个写字楼里上班。这天上午十点多小倩在电梯里遇到小波，她看到小波一副没精打采的样子便问小波："你今天吃早饭了吗？"小波马上回答："吃了。"小倩信任小波，也就没多问什么。但事实上小波并没有吃早饭，他对小倩撒谎了。但是，这只是一个善意的谎言，因为小波没有任何别的企图，他只不过是不想让女朋友担心自己的身体健康。

要辨别这种善意的谎言有一定的难度，因为它不存在"利害"关系，不会引起内心感情的剧烈变化，所以，面部表情也不会有太大的变化。但是，对这种善意的谎言，只要留心，也还是能识破的。比如，如果小倩问小波："2 加 2 等于几？"那小波会不假思索地回答："4！"但是，当小倩问小波"你今天吃早饭了吗"时，小波要"略加"思索（到底要不要对小倩说实话）后才能回答。对这么简单的问题还要考虑措辞，那就说明他心里有一些矛盾。这种矛盾就会造成"迟疑"（尽管它可能不到十分一秒），小倩就可以以此来判断对方是否撒谎。

识别那些非善意的谎言相对要容易一些,因为这类谎言与"利害"相关。如果撒谎是为了得到某种利益,那它就伴随着一定的危险性,而这种危险性就必然导致感情(基本上都是消极的)的变化,而且谎言的危险性越高,引发的感情变化就越强烈,因而在脸上表现得越明显。一般来说,说真话的时候不会表现出消极的感情,而那些撒谎的人会用微笑来掩饰自己消极的感情,但是,他们的这种微笑像前面所说的不是真正的笑,是皮笑肉不笑。因此,人们很容易从其面部表情和态度上发现他们在撒谎。当然,一些社会经验丰富的人在撒谎时也会显得面不改色心不跳,非常镇定。但是,一个谎言需要另一个谎言来弥补,这样,随着沟通的深入,谈话前后之间就必然会露出矛盾,最后谎言还是有可能露出破绽。

值得注意的是,现在有不少秘书喜欢跟上司"斗智斗勇"。比如,他们上班时上网聊天或看小说,被上司发现之后,就会编一些谎言来应付上司。对于秘书上班时上网聊天或看小说,一般的上司不会大动干戈,因为这毕竟不会影响其他人工作。但是,不少秘书不仅没有意识到撒谎是一种不合适的行为,而且还为自己骗过了上司而颇感得意。其实,大多数上司没那么容易被骗,只是他们觉得没必要计较而已。

四、提高识别自己感情能力的练习

每一个秘书的行为中都有一些独特的习惯。这些习惯与他的感情有很大的关系。也就是说,秘书感情上的一些习惯会通过行为上的习惯表现出来。比如,某个秘书在感情上畏缩不前,那么他在行动上也会畏缩不前。如果他在朋友面前不太爱说话,那就说明他对下一步该怎么办感到犹豫不决,这实际是他感情上畏缩不前的表现。如果秘书能将一些正确的行为习惯化,他就能矫正自己感情上的一些不良习性。因此,掌握一些改变感情习性的方式非常重要。比如,学习下围棋,就可以让人们做到心态平和,矫正浮躁的感情习性。

秘书情商能力的提高类似于书法水平的提高。要提高情商和书法水平,掌握基础知识固然重要,但关键是要平时多练习;它们都是心与身相互协调配合的产物,只要学习得法,反复训练,就一定会逐步提高。通过进行情商训练,可以改变秘书在日常学习和生活中已经形成的一些不良习惯,养成新的好习惯。由于坏习惯是多年积累下来的,要改变它们并不容易,所以,秘书一定要坚持,反复训练。

一般来说,情商的训练期在两个月左右效果最佳。本书限于篇幅,只介绍一些基本的训练方法。在情商的训练过程中,最好有人配合。如果有可能,让配合的人兼任检查督促者,效果会更好。情商是由识别感情、利用感情、理解感情和调整感情这四种能力构成的,所以,练习的项目也是根据这四种能力设计的。当然,有些项目可以同时提高两三种能力。秘书可以根据对自己情商检测的结果,进行有针对性的重点练习。

首先最好进行提高识别自己感情能力的训练。识别感情是发挥情商能力的入口,实际上是为发挥情商作用而收集信息。如果识别感情的能力低,那么情商的另外三种能力充分发挥作用的可能性也低。因此,提高识别感情的能力是提高情商的训练重点。

1. 把握自己"现在的情绪"

人们的情绪可能随时发生变化。比如,有客人约你下午见面,由于你对这个客人不是很了解,所以心里有一种"不情愿"的情绪。但是,下午见过面之后,你不仅觉得这次见面很有价值,而且觉得对方为人热情而又很风趣,你心里又产生了一种相见恨晚的愉快的情绪。每当自己的情绪发生这种较大的变化时,你就试着去感受这种变化,把握这种变化带来的不同感受,并养成感受自己情绪的习惯。通过把握自己情绪的变化和与之相适应的行为变化,就能很好地理解"情绪"与"行为"之间的关系。

2. 坚持做感情记录

有不少秘书平时对自己的感情不太关注,为了提高自己对感情的关注,秘书可以用做"感情记录"的形式来增强自己的感情意识。感情记录就是将自己当天发生的积极的心情和消极的心情记录下来,一般可以在早晨、上午、下午和晚上进行记录,秘书每次做感情记录时应反问自己现在是什么样的感觉。做感情记录的形式灵活,不会给秘书增加什么负担;秘书可以根据自己工作的繁重程度来确定每天记录几次,不必刻意规定每天必须记录几次,只要感情发生了就记录。如果当时不方便用笔记录,可以先记录在手机上。

因为感情记录是记录自己的感情体验,因而在做记录时很容易引起自己的感情共鸣。在感情记录中,主要记录在自己身上发生了什么事、它对自己有什么样的影响、它让自己想起了什么、它让自己悟出了什么道理、从而给自己带来了什么样的感受,等等。

每个秘书的都有自己的生活节奏,这种不同的生活节奏会给秘书的心情带来不同的影响,而秘书的心情也随着这种节奏周而复始地变化,因而,感情记录能真实地反映出秘书感情变化的规律。

如果秘书真实地记录了自己感情的客观信息,那么秘书在回头看这些记录的时候,它们会让秘书了解自己感情变化的全过程,给自己带来一种精神享受。

小谢是北京某大型国企总裁办的秘书。下面是他某天做的"感情记录"。

早晨六点半

我按时醒来。今天必须去上班,但我实在还想再睡一会儿,于是我犹豫起来,心里不是很爽。这时,"情商"及时地出现在我脑海中:"如果我今日早早完成自己的工作,不要加班,那我今天就能与小敏约会了(由于工作忙已经有一个星期没有约会了)!"一想到今天能见到小敏,我心里的不爽一扫而空。我马上爬起床,吃完早餐飞快出门了。

上午九点

我准时到达公司。刚在办公桌前坐下,就看到主任正在接电话,声音很大,似乎在与对方争吵。昨天下班时,主任让我今天一上班就把公司年终总结大会的策划报告交给他。可是,现在上司的情绪这么坏,去找他不是自讨苦吃吗?稍等一会儿再说吧。但是,上司昨天说了今天一上班就把报告交给他。那现在该怎么办?

"只要五分钟,上司就会心平气和了。"我这样想着,于是,过了五分钟我来到上司的办公桌前:"老板早上好!这是我起草的会议策划报告。"说着,我把报告递给了上司。上司接过报告平静地说:"好的。有事我会叫你。"于是,我回到了自己的座位上。我认为这是情商今天又一次在我身上发挥作用。如果我不能及时识别主任的情绪,在他心情不好时把报告交给他,那我肯定会成为他的出气筒。

上午十点

总裁办公室全体成员在会议室开会,今日的主要议题就是我对自己做的会议策划报告进行说明。在未学习情商理论之前,我是不太敢在这么多人面前说话的。要是说得不好怎么办？由于总是这么悲观地看问题，所以我一遇到这种情况心里就发憷。但是，现在没有问题了。我再一次检查自己准备的资料，有意识地控制一下自己的心情，使它平稳下来。"OK！"我站起身，充满自信地朝会议室走去。

十二点

准备下楼吃午饭时，一起进公司的哥儿们孙虹来电话，说一起吃午饭。孙虹名牌大学毕业，在学校时当过学生会主席，现在又是公司总裁的专职秘书，所以，他被公司上下看做一颗正在冉冉上升的新星。我经常就情商方面的问题向他请教。在餐厅刚坐下来，孙虹就对我说："现在有个学校招收在职MBA学员，能学到不少好东西。你考虑一下吧！"我说："好！"我之所以愿意与孙虹交朋友，就是佩服他身上那股强烈的上进心。我最近在给自己做职涯规划，但很多问题困扰着我，那天我在无意之中把自己的困惑向孙虹说了，这样，孙虹今天就建议我找个机会去读在职MBA。听了孙虹的建议后，我感到自己下一步应该怎么做心里有数了，心情变得敞亮多了，也就是说，是孙虹的情商把我的心情调整到了积极的方向。

下午六点

六点钟之前我就完成了当天的工作。一下班，我就急急忙忙赶赴约会地点。约好六点半见面，可六点四十五了小敏还没到，打她的手机也不接，我心里开始有些烦躁，心情变得很不爽。我想："好不容易约会一次，怎么会搞成这个样子？"于是我想起上次约会的快乐情景。就在这时，我透过餐厅的玻璃窗，看到在灯火衬映下的小敏的笑容。我的心情开始变得愉快起来。小敏进来了。我马上站起身笑脸相迎。我发挥自己的情商能力，又让今天的约会变得非常快乐……

晚上十一点

我觉得现在每当我的情感即将出现变化的时候，情商就如影随形，将我的感情向积极正面的方向引导，就如同人们心灵中的巨手，每当我的感情被乌云笼罩的时候，它就能拨开乌云，让我的心情重新充满阳光。

3. 多想快乐的事情

每个秘书都有心烦的时候，当你情绪低落的时候，不管是什么原因造成的，你都要尽量去想那些快乐的事情。之后，你再确认一下自己的感情是如何发生变化的，特别是在自己想那些快乐事情的时候，确认自己的情绪转变了多少。那么想什么"快乐的事情"呢？梦想实现了就会快乐，所以，你可以想自己梦想中的那些事情，比如，你当上了公司行政总监，你辞职创业成了与比尔·盖茨平起平坐的富翁；你写的网络小说一炮而红，得到了诺贝尔文学奖……也许你为人比较实在，那就想自己身边的事情。比如，你的写作水平终于得到了上司的认可；你暗恋三年的男同学发来短信约你今晚看电影……总而言之，你要让自己的情绪高涨，使自己的心情快乐起来。当然，你要把握好想象到什么程度自己的心情才是最快乐的。知道想什么可以使自己的情绪高涨之后，现在可以反过来想想什么样的事情使自己的心情不愉快。你可以回忆最近经历的最不愉快的事件。当你回想起那些不愉快的事情时，确认自己的心情变成了什么状态。人都有尽快忘记不愉快事情的本能，但对于提高情商来说，有时这种回忆也是必要的。在不愉快的事情中，多年的闺蜜感情上的背叛、多年的好同事在上司那里打自己的"小报告"、给上司写的讲话稿三次被上司否决……当你想起这些不愉快的事情时,你的感情是一种什么样的状态?为什么会出现这种不愉快的事情?尽量客观地分析事情的前因后果。比如,秘书被上司批评,肯定不是"无缘无故",如果原因在自己身上,那自己就承担起来。通过这种感受愉快和不愉快时的不同心情的训练,还可以大大提高情商中"理解感情"的能力。

4. 每天做一次善事

那些情商很高的秘书都怀有一颗"感恩之心",因为他们知道自己之所以能取得进步,是与上司、同事、家人、朋友等周围人的支持分不开的,所以,他们总能无私地关照自己周围的人。也正因为如此,周围的人也乐于支持他们。每天做一次好事,无论是在公司内还是在公司外,只要对他人有帮助就行。这种因帮助别人而产生的感情对识别自己的感情大有好处,当然,对调整自己的感情也大有好处。

5. 用爽朗的声音大声说话

你平时说话的音量如何?如果你说话的音量不大,那就试着用爽朗的声音说话,看看它给你带来什么样的心理感受,它与你平时小声或是用普通的音量说话有什么不同。人在心情愉快的时候,说话的声音自然会变大,中气十足。相反,人如果没有信心,或者在没精打采的时候,声音往往会变小。如果你说话的声音很小,心情往往就会变得更加忧郁,这样你的心情就陷入一种消极的恶性循环之中。秘书说话的声音是否饱满爽朗,与其情绪有很大的关系,如果你有意识地用爽朗的声音大声说话,那么你的情绪就自然会振奋起来。

6. 每天早上笑着与上司和同事打招呼

今天一天的心情如何,与自己早晨的情绪有很大的关系。要想让自己今天的心情变得愉快,那么今天早晨就要愉快。因此,如果早晨一进办公室,就笑着与上司和同事打招呼,那不仅会让上司和同事的心情愉快,你自己的心情也会变得非常愉快。

愉悦的语言和行为会影响自己的心情,而心情变得愉快,语言和行为也就会跟着变得更加愉悦。如果不信,你可以做个对比:早上默默地走进办公室,自己的感情是一种什么状态?进办公室后笑着用爽朗的声音跟上司和同事说"早上好",自己的感情又是一种什么状态?

当然,有可能一开始你自己也会觉得不自然,有人会说你"做作",但是,情商训练本身就是调整感情的过程,也就是一个由"做作"到自然而然的过程,所以,对这一点没有必要看得太重。只要你坚持每天早上与同事打招呼,不仅会使上司和同事慢慢适应,而且你自己每天的心情也会变得非常愉快。这可以说是识别和调整自己心情的法宝。

7. 多听喜欢的音乐

听某些音乐,可以有效地使心情放松并使感情趋于稳定,这一点早已被心理学家证明。你可以听听自己喜欢的音乐,看自己的感情会发生什么样的变化。一般来说,轻松明快的音乐可以使人的心情变得愉快和放松。你在听自己喜欢的音乐时,观察一下自己的心情会发生什么样的变化;另外,还可以听听不同的音乐,验证一下听什么样的音乐会让自己的心情变得愉悦,什么样的音乐又会使心情变得平静。如果你对音乐不感兴趣,那就去看风景纪录片(比如录像带),它们与音乐有相同的效果。

8. 每天犒劳自己一次

有些秘书不仅工作枯燥,而且生活单调,因此,他们的感情日趋平淡与乏味是难免的,因而工作的效率越来越低。精神振奋、积极向上是提高工作效率,特别是创造性地工作的秘诀,所以,秘书应有意识地振奋自己的精神,使自己每天的心情都变得非常愉悦,每天犒劳自己一次就是让自己开心的最好方法。只要意识到犒劳自己,至于用什么方式就不重要了。"昨天中午吃的是两块钱一份的青菜,今天中午犒劳自己,吃六元一份的红烧肉吧!""今天晚上一不做二不休打个通宵游戏!"……犒劳自己的时候,一定要想到"这是在犒劳自己"。只要这样,即使是做最简单的事情,也能转变自己的心情,给自己带来快乐。如果实在不具备犒劳自己的条件,那就想一些美好的事情,它也可能让自己的心情变得快乐。在犒劳自己的时候,要确认自己的心情是如何转换的和变成了什么样。

五、提高识别他人感情能力的练习

1. 熟悉人的表情特征

要识别他人的感情,首先要熟悉人的表情特征,因为不同的面部表情,表现着不同的感情状态。当然,表情也有文化差异和个体差异。中国人历来讲究"喜怒哀乐皆不形于色",这对秘书准确阅读别人面部表情造成了一定的困难。社会阅历越丰富的人(比如上司),他们自我控制面部表情的能力越强,特别是在感情状态不是很好的时候,他们特别能"忍",不直接表现出来。因此,面部表情表现出来的感情,个体差异比较大。

但是,作为一项提高情商的基本功,秘书有必要了解人的面部表情的基本特征。人们的感情基本分为高兴、悲伤、愤怒、恐惧、厌恶和惊讶六大类。下面就六种感情的面部特征做简要说明。

"高兴"的感情可以清楚地从眼睛和嘴巴上看出来。目光清澈而又柔和,有时可以看到眼角皱纹;嘴角微微上扬,保持微笑,可以说微笑是离高兴最近的感情。

"悲伤"的感情可以从眼睛里看出来。悲伤的表情个人差异较大,但悲伤的人眼睛都暗淡无光,眼角下垂,嘴角也稍微下弯。

"愤怒"时两边的眉毛往上翘,但额头中间眉头紧蹙;双唇紧闭。

"惊喜"主要表现在眼睛、眉毛和嘴唇上。眉毛和眼睛都大大地张开而嘴唇略微下降。

以上四种感情的表情相对容易辨识。只有恐惧、厌恶两种感情的表情比较难辨识,因为它们看起来非常相似。

"恐惧"与"惊喜"的表情有些类似,所不同的是,恐惧时眉毛和前额之间距离靠得很近。因此,恐惧时你可能已经蹙眉,但嘴还是张开的,嘴唇有时还会有点抽搐。

"厌恶"和"愤怒"的表情有些类似。"厌恶"的时候上下嘴唇抿在一起,而"愤怒"的时候嘴唇则向下转。

2. 利用镜子分析面部表情

很多时候人们的感情是复杂的,比如,在高兴的时候有遗憾。另外,人们有些情绪只是隐藏在自己的内心深处。因此,经常利用镜子分析面部表情对提高识别感情的能力大有帮助。比如,你工作中出现了难题,但又不好意思开口向同事请教,这时用镜子观察一下自己的面部表情,看看自己是一副什么"模样"。你熟悉了这种处在两难之间的"模样"后,当看到同事脸上同样的"模样"时,就能识别其感情,从而采取恰当的行动,比如,在不伤害对方面子的情况下给予帮助。

3. 多看网上的人物照片

为了提高识别别人感情的能力,一个有效的办法就是多看网上的人物照片,通过他们的面部表情来推测他们的感情。比如,在一些娱乐网站上,有很多影视明星表情夸张的照片。那些夸张的表情是在表达一种什么感情呢?如果反复进行这种练习,识别他人感情的能力就会大大提高。

4. 看其他同事的表情

看照片可以提高识别感情的能力,而看真实的人这种能力会提高得更快。比如,在办公室的走廊上观察来来往往的同事,通过他们的面部表情来推测他们的感情状态。比如,你在食堂用餐时,旁边有一对看上去像恋人的男女,可女的只是仰头望着天花板,而男的则低头默默地吃饭。这时你就可以推测:他俩现在各自的感情处于什么状态,他俩为什么会处于这样的状态……在办公室也可以观察上司和同事。他们在什么时间有什么样的表情?这些表情又表达了他们什么样的情绪?通过这种阅读表情的练习,识别感情的能力自然而然会得到提高。

5. 用倾听缩短心理距离

倾听是一种了解对方的重要手段,它可以帮助你获取各种信息,特别是了解对方的感情、思想和其他动机。更为重要的是,它可以缩短你与对方的心理距离。用心听对方说话,不仅能给对方一种信任感,而且是尊重对方的表现。也就是说,倾听是接受对方的另一种形式,可以促进彼此进行感情上的交流,所以,用心倾听可以让你更好地控制自己的感情。

6. 从语调上识别感情

说话的内容当然是沟通的重要组成部分,但说话时的语调也是沟通的一部分,而且,语调更能反映一个人的感情。比如,当你把年终总结报告交给上司时,他扫了一眼就拉长音调问你:"你做的报告就是这个样子?"他虽然没有直接说你做得不好,但他的语调清楚地表明了他对你做的报告很不满意。由于文化背景和语言习惯的差别,语调的个体差异很大,有时两个人用同一种语调说话,可能表达的感情截然相反,所以,在推测对方感情时一定要注意。

7. 从对方的姿态识别感情

人们在沟通的过程中,经常会下意识地作出"姿态",这种姿态实际上就是一条重要的线索,它反映出对方的感情。人们的感情和行动之间有着密切的关系,所以,对方的姿态往往是对方感情下意识的表现。比如,上司在与你谈话时,无意识地把双臂紧紧抱在胸前,这是他排斥你的感情表现。因此,当你看到这个动作之后,就应主动结束谈话,以免上司下逐客令造成尴尬。又比如,你在与同事交流时,他用手托着自己的下巴,这表明他可能又有其他新的想法。在这个时候,你最好还是先等他开口。

第三节 提高利用感情能力的方法

感情和思考之间有紧密的联系,有时感情能帮助人们思考,有时感情又妨碍人们思考。当感情变得理智的时候,人们的心情就会与他所处的环境相适应,如果人的心情与他所处的环境保持高度的和谐，那么人们的创新性思维、感情共鸣、想象力等就会自然而然地产生。与此相反，有一些感情不仅无助于人们的思考，反而会扰乱正常的思考，相信所有的秘书都有过这种经历。比如，孙娜刚刚失恋，这种悲伤的感情使她无法专心工作；这种"悲伤"不仅无法驱赶，而且"抽刀断水水更流"，只能依靠时间来淡忘它。一般来说，那些很容易生气和特别容易高兴的秘书，他们的思考更容易受到感情的干扰。

秘书每天都在思考问题，并在做各种决策或判决，它们都与感情有关。如果秘书想屏蔽自己的感情做出最理性的决策或判断，那是不可能的，或者说，那些决策或判断不可能是最理性的。正因为人们的感情和思考是分不开的，所以，秘书不仅要学会利用感情来促进思考，而且应知道哪些感情会帮助自己思考。

一、充分利用各种感情的积极作用

感情左右着思考，不包含感情的思考是不存在的，这是情商的理论基础。快乐、恐惧、悲伤、愤怒是人们几种主要的感情形式，现在来看看它们是如何影响人们思考的。

1. 快乐的作用

快乐能帮助秘书在工作过程中产生更多的创新性想法，找到解决问题的新方法和新创意，从而创造性地解决工作中的问题。一般来说，保持积极乐观心态的秘书更喜欢从宏观的角度去看问题。与那些持消极心态的秘书相比，他们能收集到更多的信息，从而突破常规，开阔眼界。比如，当他们尝试给自己做职涯规划的时候，他们对规划的全面性和过程的关注更甚于某些局部和细节；保持积极快乐心态能给秘书带来愉悦和梦想，并鼓励秘书去实现这些梦想。如果秘书心情快乐，他们就会对周围的人变得非常友好、慷慨和富有同情心，因而能与上司和周围的人建立更加和谐的关系。可以说，积极快乐的感情能帮助秘书奋发向上，因而更容易取得职业上的成功。虽然快乐的感情对秘书很重要，但"快乐"也有其不足，它在提高秘书工作效率的同时，也容易让秘书在工作中疏忽局部和细节，出现这样或那样的失误。

2. 恐惧的作用

人在恐惧的时候会变得很慎重。如果人产生了恐惧感，那么他想逃脱险境的意识就会变得非常强烈。由于现代社会竞争越来越激烈，每个秘书对自己的未来多多少少都会有些不安，其实，这种危机意识对秘书的工作也是有益处的。因为有了恐惧，秘书就会仔细考虑自己未来工作和工作中的各种不可预测的因素。如果秘书能恰如其分地利用这种恐惧心理，就能检查出自己工作和其他目标设置中的不足之处，比如，在修改文稿的时候会更加小心，减少失误；在做职涯规划时会更加注意可行性和细节。另外，恐惧心理还能让秘书在一些他人熟视无睹的现象中发现新的机遇。

3. 悲伤的作用

人们在悲伤的时候，总以为世界末日即将到来，所以，在他们的眼里，负面的事件是不可更改的，负面的事件是普遍的，负面的事件是持续的，因此，负面的事件总有一天会降临到自己身上。这是一种极其消极的世界观，如果秘书保持这样一种世界观，那将给秘书的工作和生活带来许多额外的障碍。但是，悲观的心态也有助于秘书解决某些问题。演绎推理就是在一系列事件中找出共同点，关注每一个细节，而悲观的人过于关注细节，所以悲观的人善于演绎推理。因此，悲观的心态能帮助秘书用演绎推理法提高工作效率。比如，上司交办每一项工作都可以分为两个阶段，即执行阶段和验收阶段。在执行阶段都需要秘书有乐观积极的心态，而在验收阶段则需要秘书有悲观的心态，以检查出工作中的失误。失败会让秘书感到悲伤，但失败是成功之母，它能让秘书学到很多东西。在失败之后，秘书感到伤心，所以能集中精力去找问题，发现以前没有注意到的那些失误。但是，在反思失败时，秘书必须把握分寸，否则就有可能打击自己的自信心，得不偿失。

4. 愤怒的作用

愤怒往往会给人们带来灾难性的后果，所以，特别是那些血气方刚的年轻秘书，发怒为其带来的后果是不可估量的。几乎所有的秘书在生活和工作中都有过生气的经历，虽然生气本身是一件令人不愉快的事，但它也有积极的意义。比如，上司离异，这事本来跟秘书没有任何关系，但某些别有用心的人造谣说秘书是这事中的"第三者"。对于别人往自己身上泼这种脏水，秘书就要"愤怒地"表明自己的立场和维持自己的权益。愤怒的情绪能够帮助秘书认识到威胁自己生存的那些危险因素。当你感到自己受到欺骗或遭到不公平的待遇时，你应该生气吗？愤怒对于你意味着什么呢？愤怒会使你的视野变窄，使你所有的注意力都集中到威胁你追求的目标上面。秘书应该学会理性地愤怒，即用愤怒保护自己的合法权益，而不是用"愤怒"来恐吓对方。

二、提高快速进入"角色"的能力

心情会影响思考，心情不好会影响秘书的工作，因此，秘书要能够随时调整自己的心情。那么怎样才能改变自己的心情呢？这一点可以像艺术院校的学生那样进行专门的训练。演员在表演中"进入角色"时，实际上就是在改变自己的心情。戏剧大师斯坦尼斯拉夫斯基（Stanislavski，Konstantin，俄国，1863—1938年）的表演理论认为：演员在表演中要"进入角色"，就要做到以下几点：第一，放松和集中注意力；第二，增加想象力；第三，回忆自己过去类似的感情经过；第四，将过去的感情与相关的记忆联系起来，包括当时的味觉、触觉等；第五，掌握在舞台上再现感情的技巧。

事实上所有的秘书都是伟大的表演者，只不过是在自己工作的舞台上。

1. 让自己放松的方法

要改变自己的心情，快速进入特定的角色，秘书首先要学会放松；如果身体放松了，身体就会变得柔软和松弛；身体变得柔软和松弛是心情开始发生变化的关键。

2. 提高自己的想象力

你一旦想象到某种具体的情景，这种情景就有可能给你带来相应的心情和感受，因而它能让你体验到各种不同的感情，并且产生看问题的新视角。这样，你就能实现换位思考，体验对方的心情，与对方产生感情共鸣，改变自己看问题的角度。

如何使自己的心情放松并展开想象？在这里介绍一个简便易行的方法：闭上眼睛，想象在自己面前出现蓝天白云和广阔的原野；自己在初秋山坡的草地散步，蓝色的天空，天空特别高，不时飞过几只快乐的小鸟。空气里弥漫着温暖而又新鲜的干草气味……

对秘书来说这是一种很有效的方法。当然，还可以列出更多的常用方法，它们同样很有效。

(1) 找一个尽可能安静的地方,在那里让自己放松。
(2) 心静下来之后想象自己喜欢的情景。
(3) 如果做到这一点比较困难,那可以考虑去你想去的地方。
(4) 看看四周,在周围有没有任何可以让你想象的东西。
(5) 留意那些物体的颜色、形状、大小、手感等每一个细节,利用它们想象:你看到了什么?听到了什么?想象一下这种声音来自哪里?你产生了什么感觉?
(6) 环顾四周,尽可能看更多的东西。

在放松的时候一定要注意以下问题。
(1) 想象中的情景应尽可能多地接近真实的事项,尽可能接近真实的场景。
(2) 在想象的场景中你在哪里?那里你有吗?你能用自己的眼睛看到现场或天空吗?在场景的上空你看见了什么?你是从现场的什么位置看到这些物体的?
(3) 当然,在你想象的情景中可能会出现一些无关的思想和声音。对于这些声音可以把它当作自己想象的一部分加以接受,之后再继续进行自己的想象。

3. 体验他人的心情

为了利用自己的想象力,在想象中体验到合适的感觉,人们必须树立起强烈的感情意识,能够描述自己的感情路线图。

首先,人们要了解不同的感情是什么样的感觉。不同的感情会给人们的身体带来不同的体验,如体温、心跳、呼吸等。相信很多秘书都有过相关的体验。每一种独特的感情会对应不同的体验。

4. 想象各种感情带来的体验

想象力是一种人们在自己头脑中创造出新形象、新思想和新画面的能力。比如,当你的秘书对你说他失恋了,你就能利用想象力和他一样感受到失恋带来的痛苦。同时,想象力还是一种将自己的心情变成与他人一样的心情、产生出好奇心和紧迫感,从而改变思维进程的能力。

三、快速改变自己的心情

1. 舒缓紧张的心情

换位思考能让人们改变自己考虑问题的方法,同时改变自己的心情。秘书部门是公司的运营枢纽,秘书大多事务繁重,角色复杂,工作责任重大,往往又处于公司内外各种人际关系矛盾的漩涡中心,因此,秘书的精神压力比一般岗位要大得多。精神压力大就容易让心情烦躁,心情烦躁就容易在工作中出差错,并破坏自己与他人的关系。如果秘书不能自我疏解精神压力,不仅会影响工作,严重的还会危害身心健康。因此,秘书在工作中一旦感到了压力,就要想办法改变自己的情绪。

李敏是公司总经理的秘书。总经理到欧洲考察了二十多天,上星期六才回来,今天第一天上班。所以,上午李敏的办公室异常热闹,办公桌上的两部电话此起彼伏,研发部的刘经理来电话要求她尽快安排时间向总经理做新产品开发专题汇报,刚放下电话,销售部王经理就来电话让李敏催一下总经理,尽快将促销报告批复给他们,以便组织实施……

听着一个个催促的电话,李敏心里也开始烦躁起来:你们都像催命鬼似的催我,似乎是我故意不给你们安排。你们哪里知道,总经理今天一进办公室就没出来过,连我向总经理请示汇报、安排日程的机会都没有。

想着想着,李敏心里开始烦躁起来,说话的声音在不知不觉之中越来越大,速度越来越快,因而声音变得越来越尖锐……这时,电话里有人抱怨她:"我又不是跟你吵架,为什么用这种口气说话?"她意识到自己承受的精神压力太大了,完全被一种烦躁的情绪所控制,如果不尽快消除这种压力,将会严重影响自己的工作。于是反问自己:"我这是怎么搞的?我怎么会变成这样?"她觉得要调整一下自己的情绪,便开始小憩一会儿。

在李敏的办公桌上,摆着一瓶小鲜花和自己五岁的女儿小玲的相框。李敏给自己冲了一杯咖啡后,坐到桌前,看着天真烂漫的女儿的照片,品着咖啡,闻着花香,不由自主地闭上眼睛,今年夏天她和老公带着小玲一起到台湾旅游的情景立即浮现在眼前。在澎湖湾,他们一家在沙滩上嬉戏,就像台湾歌手潘安邦唱的那样:阳光沙滩海浪仙人掌,还有一位老船长……

虽然只用两三分钟,李敏的心情完全恢复过来了,几分钟之前心里的那些烦躁一扫而空。她不但很快地转换了心情,而且头脑也变得清醒多了。她工作的劲头又起来了,她在心里对自己说:"好好工作!"

李敏能迅速地调整自己的心情,这就是利用感情能力强的典型表现。

2. 大声重复振兴精神的口号

改变心情还有一个有效的方法,那就是重复某些话,比如,你大声读下面的句子。你朗读的声音越大,效果就越理想。当然,不能在办公室这些人多的地方大声朗读,那样会影响其他人。如果处在不适合大声朗读的地方,你就在心里反复默读。

我今天的感觉真好!

我今天特别高兴!

我的情况正在逐步好转!

今天是我最愉快的一天!

我的心情真好!

我觉得今天特别充实有力!

3. 自我激励

人们在感到特别失望的时候心情肯定会变得悲观和郁闷。这时,他就会在有意或无意之中向周围的人发出信号,表明自己悲观的心情需要安慰。当悲观的情绪妨碍秘书的工作和生活时,秘书就要学会自己化解悲观的情绪。最好的方法是自我激励。自我激励时,可以反复做下面的练习。

(1)回忆自己过去从感情纠葛中脱身出来的成功经验。也就是说,秘书回顾一下自己当时与某人发生感情冲突时,是如何积极地化解冲突的。

(2)弄清这次感情纠葛涉及谁。

(3)弄清这次究竟发生了什么事情。

(4)回忆一下事情的来龙去脉。

(5)记住包括自己在内的每一个人都做了些什么。

秘书在持续做这种自我鼓励的练习时,出现了什么结果?在这种情况下秘书学到了什么？感情危机结束后秘书从中悟到了什么？仔细想想这些问题，把结果记录下来。在记录中，不仅要详细，而且要尽可能地使用积极的感情词汇。经常做这种记录，能让秘书保持积极的心态。

秘书经常做这种自我激励的练习，能帮助自己在遇到困难的时候改变沮丧的情绪，产生战胜困难的强大力量。如果练得好，它就可以给秘书整个人生增加巨大的前进动力。即使在几年甚至十几年后回忆起这段经历，它还同样能带给秘书积极乐观的情绪，帮助秘书成长。如果你把这种自我激励的记录整理成文章，它们就能成为秘书心中永恒的记忆。

四、提高利用感情能力的练习

1. 每天至少对5个同事使用5个充满活力的词汇

不知你是否意识到，在你周围有这样一些同事，你非常乐意与他们交流，不管交流什么，你都会感到愉悦，即使你一开始有些沮丧，心情也会变得开朗起来，走起路来脚步似乎更轻快了；相反，即使是在谈论一件愉快的事，也有些同事会让你觉得高兴不起来，甚至感到话不投机半句多。

即使是谈论内容相同的话题，也会让人有截然不同的感觉，其奥秘就在于他们使用的词汇不同。乐观的人使用的多是充满活力、阳光积极的词汇，而悲观的人多使用消极、沮丧的词汇。

使用积极乐观的词汇，不仅会使自己的情绪变得开朗积极，也会使周围人的心情变得愉悦。人们常说"语言是思想的外衣"，积极乐观的词汇，表达的也是一种积极乐观的感情。你可以在下面积极乐观的词组中选取若干个词汇，然后尽量大声朗读（如果是在办公室等公共场所，可以默读）：感动、快乐、辉煌、美丽、幸福、伟大、勇气、爱心、微笑、有光泽、可爱、好心、干净、快乐、激动、紧张、激动、阳光、蓝天、浪漫、心跳、精彩、欢喜、爽快、超群、清爽、最好、成功、很高兴、轻松、愉快、成功、舒适、有趣、快乐、幸福、充满活力、自豪、幸运、微笑、谢谢、顺利、心情好……有什么样的感受？尽管它们只是单个的词汇，但仍能给人一种乐观向上的感觉。这就是积极乐观词汇本身产生的影响力。相反，如果你念"忧郁、悲惨、痛苦、悲伤、不愉快"这类消极的词汇，情绪也会变得阴郁起来。使用这种积极或消极的词汇，都会在不知不觉中影响你周围的人。

为了给周围的人以积极的影响，也为了让自己的感情积极乐观，秘书平时应有意识地多使用那些积极向上的词汇。如果你的情绪是积极乐观的，那你平时使用的词汇也会越来越积极乐观向上。因此，为了提高情商，你至少要掌握一百个以上积极乐观向上的词汇，并根据不同的场合灵活使用，争取每日至少对5个同事使用5个以上的积极乐观的词汇。

2. 每天至少对5个同事使用5个赞美的词汇

俗话说"好言一句暖三冬"，那么，作为秘书，你知道多少赞美别人的词汇呢？在日常工作和生活中，你又会哪几句呢？当然，你平时也可能会对同事说"不错，好得很"或者"你真了不起"。这些句子的确算"好言"，但这样的话人们习以为常了，它很难让对方感动，因为你也可能只是随便说说而已。

作为提高利用感情能力的一种手段，每一个秘书都应开发一些新的"好言"。比如，早上见到同事后,第一句就是:"哥儿们,你有没有发现今天的天空特别蓝……"即使天空不是特别的蓝,他也会附和你"天空是很蓝",这样,你俩今天一天都会感到心情舒畅……在与同事交流之前,聊上几句"好言",就能制造一种融洽的氛围,激活双方的感情。

开发一些赞美的语言,并不是要你去搜罗一些华丽的辞藻,它们必须符合日常的言语习惯,朴实无华但又发自内心,就像"今天的天空特别蓝"这样的句子。

有些人可能会说"我不习惯说这种花言巧语"或者"这么说话不适合我的性格"。一开始就给自己设限,这实际上就是一种拒绝提高自己情商的行为。为了提高情商,掌握一百句以上的赞美语言,养成每天至少对5个同事使用5个以上的赞美词汇的习惯。在这个过程中,你会慢慢觉得自己变得开朗乐观积极上进了,进而觉得这么做本身就很有趣。

不仅要赞美周围的人,也要赞美自己。比如,你每天早晨对着镜子里的自己说三句:"你好酷!"做这种训练时,一开始你自己也可能会感到有些奇怪,但久而久之,你的自信就会提高,你的感情就会变得积极乐观向上。在日常生活中你也可能会受到同事的赞美。如果同事赞美你,那你在心里要乐于接受,但又要表示谦逊,在对他说声"谢谢"之后,最好还加一句"这没什么大不了"或者"这没什么",以回应同事对自己的赞美。

3. 多使用"正面和肯定的语言"

同样一件事,用"正面和肯定的语言"与对方沟通,和用"负面和否定的语言"沟通,由于对方的感受完全不一样,所以,沟通的结果就会截然不同。比如,公司第三季度出现了亏损,这是公司成立以来的首次。在公司中层以上干部会上,总经理一开始就这么说:"为什么会出现亏损?究竟是什么原因造成的?"听他这么说,与会人员一个个没精打采。见没人回答,总经理点名销售部经理回答。销售部经理回答说今年市场不景气,竞争太激烈。他说完之后,其他几个部门经理跟着发言,但都是找客观理由以证明自己努力了。也就是说,他们都认为这次出现亏损责任不在自己身上,最后让总经理非常恼火。

会场出现了沉默。这时公司董事长说话了:"现在市场竞争越来越激烈,生意越来越难做……我知道大家尽力了,但我们还是要把工作做上去,不能总是亏损。各位有什么困难和想法?"于是销售部经理说:"这次主要与我们促销没做好有关。"之后,又有几个部门经理发言,从自身找原因,并提出很多建议,比如,加快新品上市步伐、加大促销力度,等等。最后大家都觉得实现了开会讨论的预期目标。

公司两位领导都希望扭转亏损,动机是相同的,但他们说话的效果却大不相同。区别就在于他俩用了不同的"语言"。总经理一开始就问"为什么会出现亏损?"他使用的是"负面否定的言语",这让下属们感觉受到了批评,因此,他们只好找出一些连自己都不相信的理由来应付;而董事长使用的是"正面肯定的语言",这让大家受到了鼓励:"各位有什么困难和想法?"所以,大伙不仅说出了自己的困难,也提出了积极的建议。由此可见,在沟通过程中,面对同样的问题,如果使用"正面肯定的语言"进行交流,效果远比使用"负面否定的语言"好,因为对方产生的心理感受不同,因而会做出不同的反应。

4. 早上从愉快的对话开始

早上,你一进办公室,就发现同事孙进面色苍白,气色不好,于是马上对他说:"孙进,你脸色不好,要注意身体呀!"孙进摸着自己的脸说:"是吗?我自己也感到最近很累,可能是最近加班太多,熬夜造成的……"

一大早你们就进行了一次这样的谈话。于是,它对你俩一天的情绪定了一个基调:灰暗。对于孙进来说,他觉得自己好像真的生病了;你的哥儿们生病了,你自己的心情也会受到影响。

早上的第一次对话能决定人们一天的心情。因此,早上与周围的人对话,特别是刚见面时的对话,应多谈些愉快的话题,不说那些能产生负面情绪的话题。比如,你看到孙进由于疲劳过度而气色不好,可以这么说:"哥儿们,今晚一起去吃涮羊肉怎么样?身体是工作的本钱,得补充点能量!"或者"今下午去踢球,放松放松,如何?"即使孙进说"没空",但当他听到"补充能量"和"放松放松"这样的词汇后,心情也会变得快乐起来。早晨通过这样的对话,就能为双方当天的工作增添更多的正能量。

5. 提前决定明天中午吃什么

为了提高自己利用感情的能力,具备"自我改变"的意识很重要,而行动更重要。感情与行为之间有着千丝万缕的联系,感情影响行为,行为又使感情发生变化。因此,提高利用感情的能力就一定要养成"自主行动"的习惯。其中,提前一天决定午餐菜单就是一个"采取自主行动"的方式。

明天的午餐吃什么,最好今天就定下来。定下来的目的是养成自主行动的习惯。大部分秘书每天去食堂吃午饭之前,并没有想好要吃什么,都是跟着感觉走,在很多情况下,是看到同事吃什么就跟着吃什么。确定好明天中午吃什么之后,如果当时有同事一起去食堂,那你就要告诉他:"我今天吃木须肉。"这样做的目的就是培养自己自主的行动习惯。不仅吃午饭要"自主行动",在工作上也要自主行动。通过这样自觉的行动,就会对自己的感情产生积极的影响。如果这类"自主行动"能持续几个月,那么采取主动就成为你的一个新习惯。比如,在上司主持的讨论会上你就会带头发表自己的意见。由于你在工作中变得更积极,你的进步自然会更快。

不要小看"确定明天中午吃什么"这件细小的事情,如果你能长期坚持下去,它可能会使你的行为习惯发生很大的改变。由于你长期自主决定午餐,周围的同事可能就会对你刮目相看,而你工作的积极性也会越来越高。

6. 每天说10次"谢谢您"

"谢谢"是情商语言的象征。说声"谢谢"可以使对方感受到你的善意,双方的心情都会变得愉快,也都会感到振奋。因此,秘书在平时应多使用类似"谢谢您"这样的语言,尽量创造各种说"谢谢您"的机会。由于种种原因,秘书与同事之间感情交流的机会越来越少,因此,秘书更应该重视"谢谢您"这样的语言,它能让对方更加信赖你。比如,向旁边的同事借了支圆珠笔,归还时就要说句"谢谢您"。说声"谢谢您",不仅是素质的体现,而且会使对方的心情变得更愉快,工作的氛围更温馨。这样,周围的人对你的评价也将越来越高。

7. 自觉使用明快的语言

有很多明快的语言能使人们的心情变得兴奋和积极起来,所以,秘书每天应至少使用5个以下这样的词汇:感动、快乐、开心、华美、美丽、绝妙、有勇气、非常喜欢、笑脸、兴奋、漂亮、幸福、太阳、蓝天、浪漫、出色、爱情、爽快、出众、神清气爽、最棒的、太好了、非常满足、高高兴兴、愉快、巨大成功、惬意、有趣、痛快、令人喜悦的、生气勃勃、洋洋得意、幸运、笑嘻嘻、兴高采烈、欢天喜地……除了这些以外,你应该还能在词典和互联网上找到更多类似的明快词语。

8. 使用自信过剩的语言

如果你觉得最近比较郁闷,那就试着对自己说一些自信过剩的语言。所谓自信过剩,就是自己清楚自己达不到而对自己说能达到。比如,你在参加公司里的乒乓球赛之前对自己说:"我一定要拿到世界冠军!"大声地说这种自信过剩的语言对改变自己郁闷的心情大有好处。如果你在练习过程中有"对手",那他就应该用"没错,你肯定能拿到世界冠军"这类相同的语言回答你,这样效果会更好。在进行这种自我鼓励的练习时,不能只是在心里想,一定要把"我能拿世界冠军"这类自信过剩的话说出来。只有说出来才会有效果。在说这种话的同时,应观察自己的心情是如何变化的。

9. 随身携带自己喜欢的音乐或绘画

如果你特别喜欢音乐、绘画等,那就挑选一些欢快的音乐和绘画作品放在自己的手机里,经常聆听和欣赏它们,让自己的脑海里经常出现它们所描绘的形象。一边欣赏自己喜欢的绘画作品,一边让美好的音乐在耳边回荡,你的心情自然会变得快乐起来。这时,一些新奇的想法,一些美妙的联想就会源源不断地在你脑海中涌现出来,这时你最好将它们一一记录下来。对于秘书来说,它们都具有相当的价值。

第四节 提高理解感情能力的方法

一、基本感情形成的原因

"你最近工作还好吧?"

"还可以。你怎么样?"

这一问一答,就是人们平时表达自己感情的基础词汇。一般的人都具备一定的表达自己感情的能力。因此,虽然秘书没有必要为提高自己表达感情的能力而去专门研习语言学,但还是有必要补充一些表达感情的知识。

人们在小时候就开始学习一些关于信号方面的知识,比如,在路过车水马龙的十字路口时,家长或老师就会指着红绿灯告诉孩子它们代表着什么意思。人们的感情就像这些十字路口的红绿灯一样在变化。如果感情出现危险,它就会变成红灯,发出警告;如果没有危险,那就是绿灯,放心通过。但是,感情的色彩并不总是那么鲜明,人们不能轻易识别感情。在这里简要介绍人们六种基本的感情,即愤怒、快乐、恐惧、惊讶、悲伤、厌恶。

1. 愤怒

愤怒并不一定是一种消极负面的感情。愤怒是因为人们受到不公平的对待和其他伤害自己感情的事情而引起的。无论是谁都有权对自己或他人受到的不公平对待表示愤怒。如果不表示自己的愤怒,那就只能永远忍受不公正、不平等和歧视。但是,愤怒会导致破坏性的暴力产生。在某人看来可能是"不公正"的事情,而在另外的人看来则可能是"公正"的,也就是说,人们有可能因为误解而产生错觉,当然,也有可能对方的确是存在歧视。因此,现实中有两种愤怒,一种是有理智的愤怒,一种是失去理智的愤怒。

人们之所以会出现失去理智的愤怒,一方面是由于感到自己受到了威胁和歧视,另一方面则有可能是他们失去了应有的判断能力,他们因为愤怒而无视一些基本的事实。强烈的受辱感剥夺了他们基本的判断能力;全身的血液都涌到头上,使他们失去了所有的逻辑思维能力,所以,愤怒具有强大的破坏力。然而,发怒是要付出代价的。发怒不仅会伤害自己的健康,而且会使自己失去快乐,也会伤害他人。如果人们能理智地利用愤怒,那么愤怒有可能给人们提供巨大的动力,帮助人们对抗不公平,维护自身的利益,从而让现实变得更加和谐。

2. 快乐

如果你实现了自己的既定目标,那你就会感到快乐。快乐是一种有价值的信号,它表明人们的愿望得以满足和实现。这种快乐的信号需要人们自己去发现和注意。比如,陆洁最近好事接二连三,她的工资连涨两级、董事长也夸她的写作能力不错、她心仪已久的男生愿意与她约会了……这些都会让她感到快乐。由于快乐,她就会更加努力地工作,她的心身就会更加健康。

3. 恐惧

如果人们出现了担心、焦虑和恐惧这类情绪,那就说明发生了什么坏事或者预示即将发生什么坏事。恐惧就像十字路口一盏预示着危险的红灯,它提醒人们要注意安全。恐惧是一种担心未来可能会发生不测的情绪,它让人们觉得不安全,所以它能减少人们出差错的可能,特别是在做那些最重要事情的时候。比如,在给总经理写讲话稿时,由于担心上司不满意,一些秘书可能会再次检查讲话稿,从而减少出差错的可能性。当然,恐惧也会给人们带来不安全感。如果这种不安全感超过了一定的限度,就会让人们的精神高度紧张,最后甚至有可能让人精神崩溃。

4. 惊讶

当意外的事情发生时,人们就会感到惊讶,惊讶是对人们计划出现失误的一种警告。惊讶能让人们把关注点转向新出现的问题,并能让人再次检查自己的工作和工作计划。惊讶之后,一些人就会中止自己当前的工作,思考出现意外的原因,从而给予它更多的关注。有了这种关注,人们不仅能查出出现意外的原因,而且视野也会变得更加开阔。

5. 悲伤

人们感到悲伤是因为失望和出现了损失。既定的目标无法实现,损失了一些宝贵的东西(比如亲人逝世),这些都会让人感到悲伤。人们在悲伤时会感叹和失望,这时似乎很少有人会想到如何从悲伤中走出来。人的悲伤会影响到他的人际关系。当人们悲伤的时候,不仅不会成为别人的威胁,相反,他们需要别人的帮助和支持。

6. 厌恶

厌恶是一种社会感情,它是一种对超出道德底线的行为产生的感情,所以,它与文化、传统等社会因素密切相关。厌恶作为一种感情,它的产生自然是有原因的。现在有各种各样的原因让人们产生各种各样的感情。什么样的行为让你厌恶,什么样的行为是合适的或是不合适的,取决于人们的价值观。如果人们对某种行为不再感到厌恶,那就说明他已经改变了自己原来的价值观;当人们对某种行为的厌恶感增强时,说明他的价值观在发生变化,它意味着以前能接受的一些行为现在不能接受了。比如,文龙在上大学时对社会上的吃喝之风深恶痛绝;而他毕业做了总经理秘书之后,对吃喝的行为就熟视无睹了,这就说明他的价值观已经发生了变化。

二、建立感情词汇库

人们在理解了感情之后,还要能准确地表达出来。由于社会分工越来越细,在每一个工作领域里都存在着相对独立的专业用语。比如,财务部的人所说的词句与研发部的人所说的词句可能大不相同;同样研发部的人所说的词句与销售部的人所说的词句也有很大的不同。财务部、研发部和销售部的人由于互不了解对方词句上的微妙差异因而沟通上多少有些困难。在感情交流方面也是一样的。要提高感情交流的能力,就要丰富感情方面的词汇。

如果秘书能理解各种感情产生的原因,就会为在工作中表达感情和建立自己的感情词汇库打下坚实的基础。为了大幅度提高自己的理解感情能力,秘书必须掌握大量的表现感情的词汇,建立自己的感情词汇库。如果通过本课程的学习,秘书识别感情、利用感情和调整感情这三种能力都得到大幅度的提高,但如果表达自己感情的词汇不足,那仍然不能与其他人做更深入的沟通。为了准确地使用表达感情的词汇,秘书首先要提高注意自己感情的意识。其次,要提高识别自己心情强弱程度的能力。最后,为了尽可能准确地表达和传递自己的感情,必须选择适当的表达情感的语言。

小雅进公司不久,总经理的秘书就出国留学去了,由于她的谦虚、勤奋和聪明,总经理秘书这个空缺就被她填补了。市场部王经理原来是总经理办公室副主任,小雅的顶头上司,这天他打电话来找总经理:"小雅,总经理在办公室吗?"

小雅回答:"总经理出去了。"

王经理又问:"他什么时候能回来?"

"我不太清楚。"小雅说,"等他一回来,我马上就与您联络,好吗?"

王经理悻悻地挂了电话。

第二天下午,总经理就"提醒"小雅为人要低调一些。小雅心里很郁闷,一开始她不知道是谁到总经理那里给自己上了"眼药水"。她想来想去,觉得是王经理捣的鬼。这次的确是王经理给小雅上的"眼药水"。"我马上就与您联络。"小雅的这种回答让王经理非常不舒服:"都是同一个公司的人,为什么还要'联络'?听小雅这口气,总经理只属于她一个人,我只是一个外人。没有我王某推荐,你小雅还只是个普通的文员。在我这个老领导面前居然还有这种优越感,难道真的是人走茶凉……"王经理越想越生气,于是在给总经理汇报完工作之后,乘机参了小雅一"本"。王经理就是想让小雅知道自己有几斤几两。如果小雅当时这么答复王经理:"总经理现在不在,等他一回来我就给您打电话,您看可以吗?"那王经理心里就会舒服很多。小雅被王经理上"眼药水",表面上看来是说者无心,听者有意,实际上是她理解感情能力不强,没有注意到"联络"这个词容易引起歧义造成的。

三、从感情的变化预测未来

感情变化是有规则的,它总是根据一定的路径进行转移。人们通过观察感情的状态,判断自己和周围的人感情出现了什么样的变化,这种能力就是情商。

1. 感情转移的一般方式

如果秘书能用 What-if 预测和分析感情变化的原因和结果,就说明他理解感情能力强。秘书经常要给上司安排工作日程,制订各种工作计划,不管这种计划和日程做得多么精细,如果他们不考虑上司的感情因素,那么这种计划和日程注定要落空。同样,秘书在给自己做职涯规划时,最好先听听家人和亲友的看法,因为秘书的职涯规划必然会对他们的生活和工作产生一定的影响,所以秘书必须考虑他们将会产生什么样的感觉。

感情的转移确实很复杂,但无论感情通过什么样的渠道和方式转移,都会遵循一定的规则进行,所以,我们可以用一些案例说明它们,尽管案例有许多不确切的地方。

感情一般以下面的步骤和方式进行转移。

第一步:担心——秘书考虑的各种问题。

第二步:惊讶——秘书现在正感到意外。

第三步:强烈的震惊——秘书感到吃惊。

感情转移的方式很复杂,为了便于理解,秘书可以将感情转移写成一个个的简短小案例。比如,孙铭在日记中这样写道:"我独自坐在办公桌前,看着自己写的年终总结。今年总经理让我写三次材料,三次被'枪毙'。"孙铭在反复思考,"我的这种写作水平究竟会给自己造成什么样的影响(担心自己的未来)?听办公室主任说,写作水平不强的人不适合当秘书(吃惊)。如果不尽快提高自己的写作水平,那我随时都有被炒鱿鱼的危险(震惊)!"

为了了解自己感情转移的渠道和方式,秘书应多做孙铭这样的练习。这样的练习还是比较简单。写完之后,最好让要好的同事看看,听听他们有什么样的意见。也许他们会觉得案例中感情转移得不是很自然。那不要紧,你可以继续改。

2. 消极感情的转移

消极的感情简单地说就是"沮丧"。感情转移是有规律。感情开始转移的时候,人们不太可能出现生气和激动,只会有些沮丧,也就是说,消极的感情转移是从稍微有些负面的情绪开始的。如果沮丧持续恶化,人们就会被激怒。因为他们的目标没有实现,心情变得有些沮丧和不满。这时,有人会因为情绪激动而失去冷静,或因为压抑而生气。人们的这种情绪必然要向周围的人发泄,由于对方不买账,他们就会变得非常愤怒;如果对方嘲弄他们,他们就会失去理智,做出一些极端的行为。

消极的感情大多都是沿着这样的路线来转移的。了解这一点,对秘书预测他人的感情变化很重要。因为秘书只要了解了对方感情下一步将会出现什么样的变化,就能采取合适的措施,或者做好相应的"预案"。因此,当秘书发现他人出现消极情绪的苗头后,就会知道对方接下来会怎样做,而自己应该采取什么样的措施。

3. 积极感情的转移

什么是积极的感情?简单地说就是"快乐"。积极感情的转移也是有规则的,它们就像棋盘上的棋子一样运动,但是,它们的转移不会像棋子一样中规中矩。快乐的情绪变化的方式有很多种,它转移的顺序一般是从宁静的"平和"状态开始,最后以"兴奋"结束。

现实中,人们总觉得感情的变化是"神秘莫测"的,但是,感情确实是根据一定的规则在运动和变化,从一种状态转移到另一种状态。为了提高自己的情商,秘书就应掌握感情转移的相关知识。

四、提高理解感情能力的练习

1. 掌握更多表达感情的"词汇"

正确地把握自己内心的感情状态,是提高情商的基础。只有正确地了解自己现在是什么样的心情,人们才能控制自己的感情,并在此基础上采取合适的行动。人们要正确地把握自己的感情,首先就要尽可能多地掌握表达感情的词汇。

人们在思考问题时都是用"语言"来思考的。比如,你现在的心情很郁闷,那在你头脑中就会出现"郁闷"、"不爽"、"难受"之类的词汇来确认自己的心情。你掌握表达感情的词汇越多,你就越能准确地表达自己的感情状态。比如,你现在的心情是"悲伤的",你就可以用下面的这些词来描述:悲惨的、痛苦的、气愤、忧郁、悲观、没精神、失望、苦恼的、闷闷不乐、心痛、灰心、寂寞的、不幸福、消沉、郁闷、心灰意冷、可怜的、不愉快、遗憾、如坐针毡……这些词汇在含义上有着微妙的差别,表达着不同的感情状态。掌握这种描述感情的词汇越多,描述感情的状态就越准确,比如,同样是描述悲伤的心情,可以说成"悲惨而痛苦的"、"可怜而又凄惨的"、"不愉快而且气氛消沉",等等。

为了尽可能多地掌握表达感情的词汇,首先把自己已经掌握的词汇写出来。人们的感情分为六大类,即快乐、悲伤、愤怒、恐惧、厌恶和惊讶。针对每一类感情,至少写出描述它们的20个适当的词汇,如果写不出那么多词汇,可利用词典查找。你掌握的与感情有关的词汇越多,你的感情就会变得越理智。

2. 精准地描述自己现在的心情

掌握了大量表现感情的词汇之后,试着用它们来描述自己现在的感情。对于快乐、悲伤、愤怒、恐惧、厌恶和惊讶六种感情,如果能用恰当的词汇进行表达,那你就用它们来表现自己现在的心情。比如,你正在帮上司写在董事会上的发言稿,此刻你的心情是既快乐又稍微有些紧张。之所以感到快乐,是因为上司把这么重要的工作交给你做;之所以感到有些紧张,是因为你不知道自己写的发言稿能不能让上司满意。其实,每个秘书的感情都是非常复杂的,比如,在"快乐中有些不安"、在"愤怒中夹杂着恐惧"等。在另一方面,即使是表示"灰心",也有程度上的不同,比如,程度浅的是"稍微有些郁闷",程度深的则是"非常沮丧"。尽量选择准确的词汇表达自己的心情对识别自己的感情是非常重要的。

3. 剖析感情变化的因果关系

把握自己的感情出现了什么样的变化很重要,而了解自己的感情为什么会出现这样的变化,也就是说,是什么样的外在因素促使自己的感情出现变化更重要,它是提高自己情商的基石。你今天上午的心情很快乐,下午的情绪很低落,是什么原因?找到原因就能控制自己情绪的变化,采取相应的措施。知己才能知彼,了解影响自己感情变化的主要原因,你就能知道对方的感情为什么发生变化。了解了对方感情变化的主要原因,就能利用和理解对方的感情,采取恰当的行动,与对方产生感情共鸣,最终调整双方的感情。

4. 做"上司感情备忘录"

秘书在工作中经常需要做笔记,它除了有备忘功能,还可以让上司感觉自己受到了重视。但是,秘书在做笔记时,只是简单记录上司指示的内容,但作为情商的练习,秘书在做记录时,不仅要记录上司指示的内容,还要记录上司作指示时的神态和通过这神态表现出来的感情,以及自己的心理感受。比如,在销售会议上,你可以这么记录:刘总说,"这个季度销售不太好,各位要加油呀……"说话的语气比上次销售会议总结语气和缓,看来他也不自信了。听他说话的口气,我也感到没信心……又比如,李总在公司信息化工作会议上说:"现代社会已进入信息化时代,在信息化时代一切皆有可能,我们的未来是光明的……"他的语气从来没有这么高亢,看上去他很兴奋,我自己也感到很激动……

5. 使用消极的语言

秘书在前面已经练习过使用"明快的语言"、"积极的语言"来提高情商,也在一定程度上了解了语言对调节自己感情的作用,现在试着练习用消极的语言来调节感情。"明快的语言"和"积极的语言"的作用是鼓励人们积极地向前看,而消极的语言则是让人们消极地向后看。

在日常生活中人们运用得比较多的消极语言有:悲伤、痛苦、不安、艰苦、丧气、悲观、恐怖、失望、绝望、心痛、气馁、失魂落魄、低谷、寂寞、忧郁、颓废、无情、不愉快、悔恨、坐立不安、凄惨、忌妒……在练习期间试着尽量使用这些消极词语对话,观察一下自己的感情是向着哪个方向转变。在练习使用这些消极词语之后,最好又用明快积极的语言对话,通过这种强烈的对比,体验自己的不同感受。

6. 想一件最讨厌的事

如果想起了快乐的事情,人们的情绪就会变得好起来。你现在试着反过来想些不愉快和让你讨厌的事情,看看自己会有什么样的感觉、会产生什么样的变化。

秘书在工作和生活中,总会遇到一些让自己不愉快和讨厌的事,比如,工作中挨了上司的批评、与同事闹别扭了……你试着回忆最近发生的让自己不愉快和讨厌的事。在体验自己出现了什么样的感觉和发生了什么样的变化之后,尽量客观地分析它的前因后果。如果是由于自己的原因造成的,那么就由自己来承担后果。如果能同时感受愉快时和不愉快时的感情,你就能够更深刻地了解"理解感情"的意义。

7. 交一些比自己年龄大的朋友

情商与智商有很大的区别。智商受先天遗传因素影响比较大,它无法随着年龄的增长而增长。情商是一种社会适应能力,它可以随着年龄而增长。人们随着年龄的增长,人生的阅历和经验也会增长;人们通过累积各种人生体验,让自己人生经验的价值越来越高,因而人们的年纪与适应社会的能力成正比例。因此,秘书应争取与那些情商能力较高的年纪较大的人交朋友,这是提高情商的捷径。因此,秘书提高情商不一定要局限在公司里,可以在社会上与年长的人(如街坊邻里、供应商等)交朋友,主要是向他们学习各种做人的"规矩"。所谓做人的规矩,主要是社会上的一些礼仪。礼仪的本质就是给对方一种被尊重的感觉,它包含了许多约定俗成的东西。年纪大的人由于阅历和经验丰富,他们对人性和"规矩"的了解比年轻人多得多,所以在与他们交往的过程中,能学到很多只能意会不可言传的社会"规矩"和技巧。年纪大的人最引以为自豪的是人生经验丰富,因而他们都比较自信。当然,他们的经验也是在遭受各种挫折和失败后积累起来的。因此,在生活中,他们不仅能用自己的经验克服各种困难,更重要的是他们能控制自己的感情,从而显得从容和自信。面对困难或挫折,如何控制自己的感情,这更值得秘书学习。情商是在日常工作和生活中磨炼出来的,与比自己年纪大的人交朋友,可以大大降低这种"磨炼"的成本。秘书可以选择与自己的上司或是与老秘书交朋友,也可以与年长的邻居或其他熟人交朋友。

第五节 提高调整感情能力的方法

一、选择有效疏解压力的方法

人们常说"能吃能喝就是福",但在面对巨大压力时,这句话就不一定正确了。在遇到巨大的压力后,男性会去喝酒抽烟,而女性会去吃巧克力或冰激凌。这些方法都可以让人的心情好起来,让人们忘记自己面临的压力,但它的有效期很短,压力并没有真正消除。比如,你昨天晚上心情不好喝了酒,今天早上醒来之后,你的心情还是不好,而且心情可能变得更糟,因为喝酒换来的只是暂时的麻痹。

现代科学已经证明,像喝酒、抽烟、吃巧克力和冰激凌这一类办法不可能从根本上消除人们内心的压力,同样,看电视、玩游戏等逃避现实的方法也不可能从根本上调整人们的感情。

对于秘书来说,可以选择写感情日记、运动、练习书法等方式来有效疏解自己的压力。

二、对各种感情保持开放状态

要做到坦然接受各种感情,人们在心里就要对各种感情保持开放状态。你心里现在是一种什么样的状态呢?为了了解这一点,你不妨用下面的问题对自己做一次测试。

我经常考虑自己有关感情的问题吗?

我应该最大限度地去经历各种感情吗?

我非常重视自己的感情吗?

我对自己现在的感情满意吗?

当我遇到不顺心的事时,还能自觉地关注自己的感情吗?

作为一种心理测试,这些问题虽然不是十分准确,但它在判断人们的感情是否处于开放状态时还是很有用的。对于这些问题的回答,能反映出你的感情的开放程度。比如,有些秘书不能承受太强烈的感情刺激,他们对某些感情会有过度的反应。有些秘书对自己心里出现某种感情后会感到愤怒,由于感到愤怒,他最后会感到惭愧。比如,有的秘书讨厌加班,当他们听上司说"今天要加班"后,便会产生编"故事"骗上司的想法。当他意识到这一点之后,就会在心里痛骂自己为什么会产生这种欺骗的念头,最终为自己而感到羞愧。

有些秘书遇到自己讨厌的感情后,他们可能就会在心里拒绝接受这种感情。但是,在这类感情中可能同样包含宝贵的信息,如果秘书拒绝接受这些信息,那就会因为关闭自己的感情通道而失去这些宝贵的信息,从而导致秘书在处理问题时出错。比如,有不少女秘书非常讨厌看财务部门送来的财务报告,因为她们天生讨厌与数字打交道,觉得它们深奥难懂,一看就头痛。由于她们讨厌看财务报告,拒绝接收财务报告中所包含的大量的经营信息,所以,当上司需要她们提供经营方面的信息辅助决策时,她们往往让上司失望。

为了在感情上保持随时开放的状态,接纳各种自己喜欢和不喜欢的感情,秘书应建立自己的"感情脱敏系统",这种系统对帮助秘书在感情上保持随时开放的状态非常有用。建立"感情脱敏系统"的步骤如下。

第一,判断自己正保持一种什么样的感情。

第二,把导致这种感情产生的原因写出来。

第三,按顺序将导致这种感情产生的原因从弱到强排列好。

第四,让自己逐步放松。

第五,让自己的心情平和下来。

第六,描述自己的感情在放松时的状态。

第七,如果感到有些紧张,那就再次放松,让自己的心情回归宁静。

秘书每次想象自己在接受那些自己不喜欢的感情时,在感情上实际上已经保持了开放状态,这就提高了秘书接受各种感情的能力。如果秘书害怕因感情的开放而给自己带来不安,那不妨在现实中试试。比如,你讨厌看财务报告,那就不妨实际去看一份财务报告,看看它到底会给自己带来什么样的感受。

吴斌是公司总裁助理,一向积极乐观,但最近不知为什么,他变得多愁善感起来。其实,在吴斌的工作和生活中有一些让他烦心的事,只不过他一直在逃避这些消极的感情。于是,他采用"感情脱敏系统"对自己的感情状态进行分析,他把让自己心情变得不舒服的事情由弱到强排列出来并写在纸上,勾勒出了自己感情的轮廓线:

连续一周闷热;昨天在安排老板日程时出现了"撞车",挨了老板批评;小敏(女朋友)已经有一个星期没来电话了;爷爷住院快三个月了,而且病情越来越严重。

当吴斌把上面这些事件写出来之后,他感到有些淡淡的伤感,于是,他想让自己放松,让自己心里对这种伤感保持开放的状态。

当吴斌感到自己的心情放松的时候,他在感情上保持开放状态就变成了一件很简单而又很自然的事情。

要让自己在感情上保持开放状态,最重要的是反复做这种"感情脱敏"的练习。感情中包含着丰富的客观信息,如果秘书关闭自己的心扉,拒绝自己讨厌的感情进入,那就等于切断了许多重要信息的来源。有些秘书以自己非常理智而自豪,但秘书的过分理智并不一定是件好事,至少他们很难体验到极度的悲伤或兴奋等强烈的感情,比如,他们在卡拉OK歌厅,如果过于"理智",就会被同事嘲笑为"木瓜"。

三、摆脱情绪的控制

如果你现在心情不好,感到沮丧,这时你就会容易夸大负面事情的效应,把引发自己消极行为的原因都归咎于这类事情,并且只会看到事情的负面效应。

每个秘书都有过在思考问题时被情绪干扰的体验。为了不让情绪影响自己的正常思考,秘书在思考过程中必须考虑到感情的因素。你心中小小的忌妒、被压抑已久的愤怒、让人有些发狂的恐惧,等等,它们都会给你的生活和工作带来极大的困扰,而这些消极感情的产生,通常是由于你对某种感情的不正确的评价或特定的世界观引起的。

由于某些情绪可能是因为某件简单而又特殊的事情而引起的,所以,在这种情绪中实际上都包含有一定的"杂质",而这些"杂质"会在人们心中扩散,一般人在当时都很难意识到这一点。在大多数情况下,人们对事物的态度是基于当时的心情。由于情绪中往往包含一定的"杂质",而这些"杂质"则有可能干扰人们的心情,所以它会干扰人们对事物的分析和态度。如果在你的心里存在一些消极的情绪(如郁闷),即使一些细微的小事,也可能会迅速影响你的心情,让你感到不舒服;在不知不觉中,你就会变得很愤怒,对别人吹毛求疵,但你又不知道自己为什么会变成这样。相反,如果一开始你心情不错,在遇到相同的事情时,你可能就会一笑了之。

1. 筛选情绪

如果人们总能保持良好的心情,或者反过来人们心情总是那么灰暗,它就会影响甚至改变人们的价值观。每个人都有自己的价值观,它使人们对各种事物有自己独特的看法。正是人们的这种价值观,在帮助人们筛选各种情绪,保证自己有适合的心情。

也许秘书在感情上是保持了开放的状态,但在这种状态下它更容易把你的情绪转化成消极负面的情绪。因此,即使是一件中性的事件也容易被你解释成消极的事件。当你感到郁闷时,你周围的世界看上去都是那么暗淡无光。

对于忧郁、焦虑等消极情绪,人们都知道改变它的重要性。但是,为了能管理好自己的感情,人们不仅仅对悲伤、焦虑、愤怒等消极情绪,而且对快乐、喜悦等积极情绪,都不能做过低或过高的评价。

人们在看待事物时往往只看它积极的一面,对它们存在的问题也只是从积极肯定的方面去解释和理解,这就是乐观主义形成的原因。虽然乐观主义对人们很重要,它能给人们带来积极的情绪,但它与忧郁、焦虑等消极情绪一样,也会扰乱人们调整感情。如果你感到非常快乐,那你就会保持积极乐观的心态,这样,你就有可能出现忽略细节,检查不出错误的可能。

2. 筛选感情

调整感情能力强的人都十分了解、理解自己的感情,他们能识别自己现在是一种什么样的心情以及这种心情会给自己的行为带来什么样的影响。由于他们能正确地理解自己的感情,所以他们既不会轻视感情的作用,也不会夸大感情的作用。

在感情中包含着丰富的客观信息,所以感情总是在"催促"人们采取相应的行动。调整感情能力强的人知道在自己心里应该对什么样的感情处于开放状态,应该对什么样的感情处于关闭状态,他们知道应该将哪些感情进行筛选。人们的天性都是这样的,他们因为舒服而喜欢接受快乐的感情,对那些让人感到愤怒或悲伤的消极感情都会本能地加以拒绝。人们在接受感情时,都希望把那些难以接受的感情筛选掉,所以,人们往往容易只注意某些特定的感情,而忽略其他的感情。

筛选感情一般有两种方法,一种是注意积极的感情,一种是注意消极的感情。如果人们把大部分精力用于关注积极的感情,那它就会带来健康、乐观主义等积极的东西。不过,如果人们只关注积极正面的感情,那就有可能感受不到某些特定的感情,丧失许多有价值的信息。同样,如果人们过分关注消极感情,那也会出现同样的结果。所以,调整感情能力强的人既不会把所有的注意力放在积极的感情方面,也不会只关注消极的感情。

也许有秘书会认为某些感情是消极的,所以应拒绝这类感情。但是,现实是复杂的,秘书在工作和生活中并不是每时每刻都有快乐的心情。比如,秘书在接受上司的指示时就必须紧张起来(即接受紧张这种感情),如果此时此刻秘书还是非常放松,那就有可能吃不透上司的精神,最后在工作中出现失误。

四、管理愤怒的方法

1. 建设性使用"愤怒"的方法

当你与他人的感情处于对立状态时,有可能导致你的心情变得愤怒起来,从而开始用语言攻击对方。愤怒作为一种感情,它显示着不合适的行为的信号,如果人们依据这种信号行动,那也就意味着采取了不合适的行动。但是,人们完全可以对"愤怒"进行理智的管理。

秘书"感到"愤怒和因愤怒而采取"行动"是有区别的。"愤怒"既可以变成强烈的"破坏性"感情,又可以变成强烈的"建设性"感情。不过,在开始的时候,"愤怒"大多属于破坏性感情。秘书在发挥情商作用的过程中,都是从正确识别感情开始的,而愤怒也未必就是一种不合适的感情。当秘书用"愤怒"不能解决问题时,就容易认识"愤怒"到底是什么。首先,秘书需要仔细确认发生了什么事或行为让自己感到愤怒,这时秘书的头脑还清醒,还能考虑问题,筛选自己的情绪。如果秘书只是简单的心情不好,对所发生的事情不满意,那就要找出对方让自己愤怒的原因。秘书要问自己:"我愤怒有什么意义?"或者"对方会如何看待我的愤怒?"接下来,秘书就要反问自己:"我对自己的这种认识是正确的吗?"比如,上司批评王杰,那就一定是上司想跟王杰过不去吗?对这个问题,王杰一定要反思。

秘书大多年轻、血气方刚,情绪中的"杂质"较多因而容易激动。如果觉得有人对自己说了一句刺耳的话或做了一件不顺心的事,他就有可能暴跳如雷;有的人因沟通障碍而怒不可遏,恶语伤人;有的人因别人的观点或意见与自己相左而恼羞成怒……这些遇事缺乏冷静,图一时之快,逞一时之勇的愤怒,都会对秘书造成极大的伤害,因而有人总结"愤怒是以愚蠢开始,以后悔而结束"。

如果秘书的心情不好,就很容易把自己的愤怒归咎于对方。比如,有同事看到刘勇脸色不好,想关心他,于是对刘勇微笑,可刘勇觉得对方这种笑是"皮笑肉不笑",是别有用心,于是刘勇朝对方发火。这种由自己内心引发的无名火,造成的结果往往是破坏性的和消极的。

愤怒是一种正常自然的感情,秘书不可能彻底"消灭"它,因而秘书能做的是有效利用它。如果对方已经开始发怒,那就很难让他做到"心平气和"了,事实上,理智的愤怒对秘书同样具有一定的意义。如果秘书生气了,那就要判断自己怎样才能做到理智地愤怒,从而很好地利用这种感情。只有秘书的感情变得理智了,才能做到理智地愤怒。积极地管理自己的愤怒,对秘书来说,既困难,又极具挑战性。要妥善地管理好自己的愤怒,就必须具备较高的情商能力,因为它必须建立在准确认识自己感情的基础上。

利用"情商作用四步曲"管理愤怒的模式是这样的。

第一步:识别感情

在对自己的情绪进行筛选的过程中,秘书开始对自己的情绪进行分析,找到那些让自己生气或愤怒的原因,看对方是否存在不公平或欺骗等行为;当然,也要反思自己是否对对方存有偏见和反感等问题。在反思之后,秘书就要判断自己现在是什么样的感受,并且要清楚地知道这种感受是属于哪一种感受。也许现在秘书的心情可能只是稍微有些不舒服,或者非常难受……同时,秘书还要判断,对方在遇到同样的情况时会不会发怒。

第二步:利用感情

利用感情的能力不仅可以确保秘书的愤怒不会起破坏性的作用,而且有可能让秘书的愤怒发挥建设性的作用。如果秘书能了解对方此时此刻的感觉,那就不会采取过激的行动来回应对方。如果秘书能站在对方的立场上看问题,那就能进一步加深对对方的了解,从而使自己能采取适当有效的行动。实际上,秘书也可以通过采取有效行动影响他人的行为。接下来,秘书就应该这么反问自己:"对方是不是受到了我给予的不公正对待?或者,因为我过于以自我为中心从而给对方造成了伤害?如果我识别感情的能力更强一些,我是否就能及时发现对方是一种什么样的心理感受?"

第三步:理解感情

现在秘书要确定让自己愤怒的内在原因:"我这种心情是从什么时候开始的?我以前有过这种心情吗?我这种心情是越来越强烈,还是越来越弱?"

第四步:调整感情

如果秘书认为自己的愤怒情绪是正当的,那么秘书应如何处理这种情绪?这取决于秘书希望出现什么样的结果,然后按自己希望出现的结果去行动。秘书是希望对方向自己承认错误,还是希望对方改变或停止现在的行为?

在秘书考虑问题的过程中,为了预测可能出现的结果,秘书最好灵活地应用感情的What-if分析法。由于秘书已经在内心控制了"愤怒",所以,秘书现在不仅不会"发火",而且还能利用愤怒的力量来达到自己的目的。管理自己的愤怒,就像在开车时一定要避免打瞌睡一样。开车时打瞌睡是种致命的行为,所以,开车时一定要持续观察路况以及周围的状况如何。管理愤怒也一定要持续观察自己和对方的感觉如何,并注意周围的状况,经常转换看问题的角度。如果情况出现了变化,秘书就要准备采取相应的行动。

为了管理好自己和他人的情绪,秘书要细心地去感受自己经历过的感情。如果秘书能顺利地做到这一点,就能掌握管理感情的方法,充分利用好自己的感情。秘书一定要在感情上保持随时开放的状态,以便更进一步地理解各种感情。

2. 摆脱愤怒的案例

调整感情能力强的秘书是如何摆脱愤怒情绪的?根据情商发挥作用的四步曲,来看下面的例子。

胡莉是公司负责研发的副总经理的秘书。这天上午她工作比较多,忙到快十二点半才到餐厅吃饭。这时吃饭的人不多了,但还有不少吃完饭的人在那里聊天。她看见公司市场部的几个人聊得起劲,本想过去凑热闹,但没有空位子了,便在旁边的位子上坐了下来。但她越来越觉得不对,那几个人八卦的正是自己:大意是自己的上司上个月离婚了,他离婚是由于自己作为第三者插足造成的。

"有一次晚上九点多,我就亲眼看到他俩从一家西餐厅里出来。"市场部王琳绘声绘色地说着……

这是造谣,当秘书两年多,胡莉从来没有在下班后单独与上司出去活动过。听到这里,胡莉的肺都快要气炸了,她想冲过去,把碗里剩下的饭菜倒到王琳的头上,以泄心头之恨。但胡莉是个调整感情能力强的人。就在她想站起身的一刹那,情商在她脑子里发挥作用了。

第一步:识别感情——王琳到底想干什么?

王琳这是在公开造谣。她为什么要造谣,往自己身上泼脏水呢?显然,她是想发泄她对自己的不满。与此同时,胡莉也意识到自己现在是种什么样的感受,并且清楚地知道这属于哪一种感受。她知道,如果自己控制不好感情就会失态。

第二步:利用感情——王琳为什么要这么做?

本来胡莉与王琳之间只有点头之交,向来是井水不犯河水。上个月王琳因为她弟弟大学毕业想进公司来找过胡莉。王琳的弟弟专业对口,人力资源部的人说没问题,但需要胡莉的上司同意,因为进研发部原则上得研究生以上学历。王琳求胡莉帮自己向上司求情,胡莉一开始不同意,说过去也遇到过类似情况,上司根本不予考虑。在王琳再三请求下,胡莉向上司提起了这事,结果同样是碰了一鼻子灰。但王琳却认为是胡莉不愿帮忙,从中作梗,因而心怀不满。

第三步:理解感情——王琳下一步会怎么做?

王琳发泄对自己和上司的不满,如果自己冲上前去与她辩论或对骂,那就正中她下怀。但是,如果自己现在不加以制止,这种谣言还会继续扩散,会让一些人信以为真。所以,现在自己一定要冷静,不能中王琳的计谋。

第四步:调整感情——自己应该怎样应对?

现在对这种谣言不能不加以制止,否则还会继续扩散,但又不能与之对骂,甚至演变成对打,这样对自己很不利。胡莉想了想,来到了王琳的跟前,笑着说:"王姐,你什么时候有空,我请你喝咖啡?"王琳万万没想到胡莉会出现,只好尴尬地说自己正说着玩……

在现实中胡莉遇到的问题可能没这么简单,这个例子主要是探讨如何使用"情商作用四步曲",以帮助胡莉摆脱愤怒等消极感情的方法。

五、提高调整感情能力的练习

1. 练习微笑

不管是年轻人还是老年人,给人留下最深印象的是他们的笑脸。他们的微笑不仅能给周围的人带来温馨和安全感,而且对他们自己也能起很大的激励作用。

练习微笑,养成的习惯主要是对自己的"笑肌"进行训练。所谓"笑肌"就是脸颊和嘴唇之间的肌肉,在嘴的两边。训练笑肌主要是对着镜子反复练习微笑。在练习微笑时,体验一下自己笑肌收缩时的感受。最好每天早晨起床之后,对着镜子练100次微笑。当你微笑时,你的心情也就会变得开朗起来,甚至会在心里鼓励自己:"今天好好工作,别浪费自己的青春!"

如果你养成了微笑的习惯,在与别人沟通时,就会自然而然地对别人微笑。有时即使是自己独处,也会对自己微笑。当然,养成微笑的习惯说起来容易做起来难,因为它需要你不断地控制自己的情绪。所以,秘书应努力去微笑,提高调整感情的能力需要的是行动。

2. 注意"意见"和"错误"的区别

意见和错误是两个不同的概念,但在沟通过程中人们往往容易将它们混为一谈,即只要对方不同意自己的观点就是"错误的",是"错误的"不仅不能接受,还要加以纠正。于是,最后双方互不相让,不欢而散。

在与对方沟通的过程中出现"意见"非常正常,既可以接受对方的意见,也可以接受对方的感情。对于产生分歧的地方,可以相互理解,也可以通过进一步的交流来改善;一定要用发展的眼光来看待它,当然,也可以保留双方的观点,将来在适当的时候再进行建设性的讨论。

如果你认为对方是"错误"的,那就要拒绝。在拒绝对方的时候,可能你会在感情上排斥对方。对方被拒绝之后,难免会产生不快甚至愤怒的情绪,于是双方开始相互责备,最后双方的关系破裂。所以,对这一点一定要注意,掌握沟通的分寸,在拒绝时不要伤对方的面子。

在沟通时一定要慎重。在很多情况下,你可能还不能分辨对方的是"意见"还是"错误"。在你没有想清楚的情况下,还是多听取对方的想法比较好。这样可以沟通两个人的感情,减少彼此心灵之间的距离。

在沟通过程中,由于意见存在分歧,对方打断了你的谈话,不愿再听你说下去,你的情绪肯定会激动,进而也有可能不再心平气和地听对方说话。

你与对方的意见不一致时,可以用"我有这么一个想法"或"我想这么办"这种方式,避开矛盾,重新提议。这样对方见你不坚持旧的观点,也会平静下来,从而使沟通变得轻松愉快起来。这就是及时调整感情。

3. 笑着与那些不好打交道的领导和同事打招呼

无论在哪个公司或部门,都有几个不好打交道的同事,也可能有这样的领导。他们之所以不好打交道,并不一定是他们能力或人品有问题,而是他们的性格有些"怪",不太好沟通。

为了提高自己调整感情的能力,如果在走廊上或食堂里与他们相遇,就笑着跟他们打声招呼吧!对于公司里那些不好打交道的人,一般的同事都会敬而远之,与他们保持一定的距离。由于这是一种逃避对方的方式,所以,一旦"狭路相逢"双方都感到尴尬。其实这是一种不能调整自己感情的表现。

秘书要保持和谐的人际关系,自己就要主动采取行动。对于那些不好打交道的同事应更积极主动地微笑着与他们打招呼。你主动与对方打招呼,有两种作用,一是可以使自己的感情变得更加积极,二是影响对方的感情,让对方感受到你的善意,为交流创造机会。

一般来说,那些让人觉得难打交道的人,很多同事不愿意与他们交流。他们主动与人交流,可由于沟通技巧方面的问题,往往不欢而散,更让人觉得他们不好打交道,而这又打击了他们的自信心。因此,如果你主动笑着与他们打招呼,就能使他们的感情变得积极开朗,这样就为后面愉快的谈话创造了条件。

其实,这种招呼不要很复杂,比如,早晨进办公室时对他们说一句"早上好",下班时对他们说一句"再见",这就足够了。如果你坚持打招呼,那你与那些难以打交道的人之间的隔阂也会慢慢消失。由于双方的心理距离缩短了,说不定哪天下午对方会给你发来短信:"今晚咱们一起去喝一杯,如何?"

4. 暂停六秒

秘书大多年轻,血气方刚,都有被周围的人激怒的经历。当双方被激怒后,就会发生争吵,到最后就是双方口不择言,以最大限度地伤害对方,最后不欢而散。

从情商的角度来看,怒火中烧实际上就是情绪已处于混乱状态。由于感情陷入混乱,所以无法进行控制。因此,如果一开始你就发现对方已进入这个状态,那么你唯一要做的就是让自己冷静下来。

一般来说,激动的情绪会在六秒之后开始趋向平稳。因此,只要你想控制自己的怒火,在六秒钟的沉默之后,你的情绪就会开始平静下来。如果你不控制自己的怒气,那你会因为对方的刺激怒火更旺。这样,控制自己情绪的难度就会越来越大。因此,在这种时候要暂时抑制一下自己的情绪,而不管对方说什么。如果你能冷静六秒钟,就能抑制自己的怒火,这样就能好好斟酌,说出比较理智的话,让事态平息。

只要抑制六秒钟,这六秒钟的时间会给你带来神奇的效果。如果你觉得愤怒,无法控制自己的情绪,那就不要立即开口,让自己沉默六秒钟。在这么短的时间里,构成你情商的四种能力会开始发挥它神奇的作用。因此,当你感到愤怒时,就在心里数"一、二、三、四、五、六"。经过这六秒钟,你会感到自己的心情逐渐稳定下来了。

5. 三秒钟做决断

秘书经常需要做出各种抉择,如何让抉择果断而又不情绪化,关键是你如何对待感情,因此,你如何调整感情是十分重要的。做这种尽快决断的训练,能够提高你调整感情的能力。但是,必须做到在第一时间进行决断。

可能有秘书会这么想:"究竟是乘机调到人力资源部门去还是继续当秘书,这是一个决定自己命运的大问题,我不可能那么容易作出决断!"这种想法的前提是:"这样的决断是错误的!"这样的顾虑是可以理解的,但是,做这种"三秒钟做决断"的训练,只是针对秘书在日常工作和生活中遇到的普通事情,而且决断错误可以改正或弥补,比如,在食堂买饭时,面对琳琅满目的菜品,你就不要犹豫,直截了当地选择自己钟爱的菜品。坚持做这种在第一时间"做决断"的练习,会大大提高你调整感情的能力。

6. 给自己制订日程表

你现在最想做什么事情?自觉地意识到自己最想做的事,这是调整感情能力高的典型表现。自己现在最想做的事情,自己现在最想要的东西,它们都是自己现在感情的最直接表现。

很多秘书一天到晚忙忙碌碌,但他们也不知道自己整天在忙些什么。在这种情况下,他们被时间撵着跑,不仅做事效率低,而且也不清楚自己的感情状况。因此,最好养成给自己制订日程表的习惯。首先,把自己当天"必须完成的事情"列出来,特别是那些"最想要完成的事"。

你现在最想做的是什么事呢?是提高自己的英语口语能力,还是写作水平?不管是什么,它们都是你感情的强烈表现。想好那些"最想完成的事"之后,制作自己每周的日程表。在这个日程表中,将那些"最想完成的事"和"必须完成的事"优先考虑。这样,你就能在认识自己现在感情的同时,享受做自己想要做的事情的快乐。当然,你想做的事情不一定会那么简单地实现,但是,在你想到在做自己想做的事情时,不仅你的感情会变得快乐起来,而且会变得更加积极。

现在"时间管理"是一门深受秘书欢迎的课程。但是,如果不能熟练地调整自己的感情,就无法进行有效的时间管理。也可以这么说,如果你能充分发挥自己调整感情的能力,那你就能分清自己要做的各种事情的轻重缓急,科学地进行时间管理。

7. 写"感情日记"

每个秘书的感情都是丰富的,而且是多变的。当然,每个秘书的感情也是有差别的,有些秘书每天心情愉快,有些秘书整天愁眉紧锁;有些秘书上午兴高采烈,到下午却闷闷不乐。由于秘书的感情随时都在微妙地变化着,所以,要让自己的感情变得更加理智,把握自己感情变化和活动的规律是非常重要的。把自己感情变化和活动的规律记录下来的最好方式就是坚持写日记。科学证明,写作是一种疏解压力的有效方法,人们在写作的时候,血压和心跳数都会下降;人们在写与自己的感情有关的文章时,免疫系统的功能也会得到改善。

当秘书每天在固定的时间确认自己的感情状态,并把它们记录下来之后,它们实际上成了秘书日记的主体。当然,日记不能只是简单地记录,让它变成流水账;在每天写日记的时候,最好进行相应的内省和反省,比如,思考:"为什么今天自己的心情会变得这样郁闷呢?"

写日记时,一开始秘书可能是这么写:"因为今天天气很好,所以心情也变得开朗起来了。"随着对自己感情认识的加深,秘书可能就会这样写:"上司下午把我写的材料给我时,说我的写作水平有退步的趋势,所以,一直到晚上我的心情都很郁闷。"在养成了把握自己感情的习惯后,再渐渐地详细记述。

对于秘书来说,写"感情日记"也是疏解压力的最佳选择。不过,如果秘书只是给自己每天的工作和生活记流水账,那就不会有什么实际效果。之所以叫"感情日记",就一定要记录内心的感情,也就是说,秘书一定要记录对自己各种行为的思考及心得。

最理想的情感日记应包含以下元素:使用表现积极感情的词汇、适当使用表现消极感情的词汇、使用表示因果关系的关联句(比如,"因为……所以……")、使用认识得到提高的单词和短语(比如:"理解了"、"认识到")等。每天写"感情日记"的时间不应少于20分钟,而且最好能做到一气呵成。日记一定要真实地反映自己的感情,不要去"编辑"。其实,日记应该怎么写,这一点并不重要,重要的是它能完全挖掘出秘书对发生在自己身上的事的所思所悟。如果你不喜欢写日记,那也可以选择其他自己喜欢的形式(如博客、微博)来记录对于发生在自己身上的事情的所思所悟。

8. 每天运动不少于 30 分钟

科学也早已证明,运动是改善情绪的最好方法之一,因而是调整感情的有效方法。如果秘书感到紧张、愤怒、郁闷等,心情总是处于消极状态,最好开始做定期运动,每天至少一次,每次不少于 30 分钟,如散步、慢跑、游泳、健美操、瑜伽、篮球、乒乓球等。

对于秘书来说,做这种定期运动应该没有太大的困难,所以不要给自己找任何借口来减少甚至取消这种运动量。这种运动肯定能让秘书的心情变得积极快乐,而心情的变化又会给秘书的思考带来积极而重要的影响;由于秘书思考问题的方式变了,看问题的角度也会改变,这样,不仅能提高秘书的工作效率,也能让秘书的思维更具有创造性。

喝可乐和咖啡、吃巧克力和冰激凌,等等,这些方法的确可以改善秘书的心情,提高秘书的活力,而且方法也很简单。这些方法虽然有效,但它们有效期都很短。与运动不同,喝咖啡和可乐给人带来的活力,主要是依赖其中的糖分,在大多数情况下,过不了多久它们就会使人的感觉变得更糟。也许有秘书不相信,认为运动只会让人更疲劳。那你不妨试几次,快走十分钟,它可能让你很疲劳,但科学和实践证明它是恢复活力的最佳方式。

9. 每天练习 30 分钟书法

练习书法有益于人们的心身健康,调整感情,这一点早已被科学和经验证明了。练习书法时人的情绪不能烦躁,心要定下来。为了写好字,特别是大字,要求人呼吸匀和、心神舒泰、意念专一、不允许有其他杂念。

思 考 题

1. 你检测了自己的情商吗?你对自己的情商是否满意?为什么?
2. 构成你情商的四种能力是否均衡?为什么?
3. 为了提高自己的情商,你是否按本书的要求进行了练习?为什么?

参 考 文 献

[1] デイビッド・R・カルーソ,ピーター・サロベイ.EQマネージセー[M].东京:东洋经济出版社,2004.
[2] 谭一平.大学生情商训练[M].上海:上海财经大学出版社,2013.
[3] 谭一平.女秘书日记[M].南京:江苏文艺出版社,2011.
[4] 谭一平.秘书的情商比智商更重要[M].厦门:鹭江出版社,2012.